古物研究

[日]濱田耕作◎著
杨　鍊◎譯

山西出版傳媒集團
山西人民出版社

圖書在版編目(CIP)數據

古物研究 /［日］濱田耕作著；楊鍊譯. —太原：山西人民出版社，2015.12(2024.2重印)
(近代海外漢學名著叢刊 / 鄭培凱主編)
ISBN 978-7-203-09369-5

Ⅰ. ①古… Ⅱ. ①濱… ②楊… Ⅲ. ①考古－研究－中國 Ⅳ. ①K87

中國版本圖書館CIP數據核字(2015)第276313號

古物研究

叢刊主編 鄭培凱
著　　者 ［日］濱田耕作
譯　　者 楊　鍊
責任編輯 張　潔

出 版 者 山西出版傳媒集團·山西人民出版社
地　　址 太原市建設南路21號
郵　　編 030012
發行營銷 0351－4922220　4955996　4956039
　　　　 0351－4922127(傳真)
天猫官網 https://sxrmcbs.tmall.com　0351－4922159(電話)
E－mail sxskcb@163.com　發行部
　　　　sxskcb@126.com　總編室
網　　址 www.sxskcb.com

經 銷 者 山西出版傳媒集團·山西人民出版社
承 印 廠 山西出版傳媒集團·山西新華印業有限公司

開　　本 700mm×970mm　1/16
印　　張 15.25
字　　數 115千字
版　　次 2015年12月　第1版
印　　次 2024年2月　第二次印刷
書　　號 ISBN 978-7-203-09369-5
定　　價 76.00圓

近代海外漢學名著叢刊編委會名單

總主編 鄭培凱

編委會 傅　杰　霍　巍　戴　燕（按姓氏筆畫排序）

總策劃 越衆文化傳播・周　威

總監製 南兆旭

統　籌 徐　勝　顏海琴

出版工作委員會

主　任 李廣潔

副主任 姚　軍　石凌虛

委　員 梁晉華　張文穎　秦繼華　馮靈芝

張　潔　崔人杰　王新斐　郭向南

設計總監 李尚斌

設計製作 王秀玲　吴圳龍　何萬峰　歐陽樂天

出版説明

近代海外漢學名著叢刊選取一九四九年以後未再刊行之近代海外漢學作品，編例如次：

一、本叢書遴選之作品在相關學術領域具有一定的代表性，在學術研究方嚮、方法上獨具特色。

二、爲避免重新排印時出錯，本叢書原本原貌影印出版。影印之底本皆經專家組審定，原書字體大小、排版格式均未做大的改變。

三、爲使叢書體例一致，本叢書前言後記均采用繁體字排版。

四、個別頁碼較少的版本，爲方便裝幀和閱讀，進行了合訂。

五、少數作品有個別破損之處，編者以不改變版本内容爲前提，部分進行修補，難以修復之處保留缺損原狀。

六、原版書中個別錯訛之處，皆照原樣影印，未做修改。

由於叢書規模較大，不足之處，在所難免，殷切期待方家指正。

總序／温故而知新

晚清以來，西力東漸，西方文化思想的著作也大量譯成中文，最著名的如嚴復與林紓的譯著，影響了整個二十世紀中國的知識界與文學界，使得中國文化的思維脈絡爲之丕變。除了西方思想經典、文學與實證科學著作的翻譯，以實證方法系統化探討中國文史的域外漢學，也對中國學術思想界産生了莫大衝擊，改變了中國學術的著述方法與取嚮。

中國傳統的知識結構，是按經史子集四庫分類的，以儒家意識形態的經學爲文化知識的砥柱，以史學爲貫串歷史經驗的殷鑒，至於子部與集部，則是作爲保存文獻、擴大知識面的附帶知識，可以耽情冥想，可以悠遊玩賞，却都是邊緣化的知識，無關聖教的弘揚，無關文化精髓的宏旨。西方文藝復興之後的現代學術體系，在知識分類上，與中國傳統大相徑庭，講究系統分科，不同知識領域各有其客觀存在的價值，有其相對獨立的目的與標準。日本知識界在明治維新以來，鑒於東方文明落後於西方的船堅炮利，率先效法西方，在追求「文明開化」、「脱亞入歐」的過程中，爲日本學術發展循着現代西方的體例，建立了哲學、文學、歷史學、經濟學、法學、商學、物理學、化學、地質學、醫學、農學、工程學、植物學、動物學等等新型學科，企圖與西方學術齊頭並進，從而影響了中國近代學術體系的發展。

本叢刊選印二十世紀上半葉出版的漢學譯著近百冊，分爲三大類：「歷史文化與社會經濟」、「古典文石，重新審視中國傳統歷史文化的意義，特别是開拓了傳統學術忽略的領域。五四新文化運動以來，中國學者如蔡元培、胡適都提倡「整理國故」，以理性實證的方法，對中國文化傳統做出系統化的研究，是與這些漢學譯著相輔相成的。這些譯著除了介紹域外漢學的成果，還引進了嶄新的學術研究方法與視角，有助於梳理中國文化傳統的脈絡，重新整合知識結構與學術體系。雖然這些學術著作不是中國學者的成就，無法納入二十世紀中國文史學術的主脈，但是從中文譯本的影響而言，起碼也應當視爲中國近代學術發展的支脈或潛流，不容忽視。可惜的是，到了二十世紀下半葉，因爲兩岸政治形勢的變化，這些漢學譯著，除了部分因王雲五重新入主臺灣商務印書館，而得以在臺灣做了少量的重印，在大陸的出版界，則完全受到遺忘，甚至在許多新成立的大學圖書館中也不見踪影。我們搜集了近百冊塵封的漢學譯著，呈現給二十一世紀的中國學術界，一方面是爲了銘記前人爲推展學術而做出的努力，另一方面也是爲了提醒新常態時期的學人，學術發展有其歷史累積的脈絡，可以從中汲取歷史經驗，温故而知新。

說到「温故知新」與這批早期漢學譯著的關係，可以從兩個方面來思考，以見翻譯域外漢學如何反映了時代精神，爲融匯東西方學術思維，重新闡釋中國文化傳承，做出不可磨滅的貢獻。一是域外漢學的研究對象，以中國歷史文化典籍爲主，屬於中西文化碰撞期間興起的「國學」範疇，與五四新文化人物提倡的「整理國故」運動若合符節。研究中國歷史文化，並賦予新的學術意義，是清末民初知識精英念兹在兹的心結。歷史發展走到一個環節，時代的狂風揚起了批判傳統的大旗，風中的英雄幫着推波助瀾，却又無時或忘自己民族文化主體的未來，糾纏於「傳統」能否「現代」的困境。域外漢學的出現，以西方實證方法研究中國歷史文化傳統，綜合東西方各種語言文字材料，擴大了研究國學的眼界，即使無法打開中國文化傳統是否走到盡頭的心結，至少是提供了一個解惑的方嚮，在大霧彌漫的夜晚，看到了依稀渺茫的星光。

二是翻譯域外漢學，有一種以子之矛攻子之盾的吊詭作用，逐漸化解了中國文化思維中的自大心理與封閉心態，讓唯我獨尊的國粹基本教義派解除武裝到牙齒的盔甲，轉而吸收並接受西方實證研究的學風。民國期間新式教育制度的推行、學術體系的變化、大學學術專業的創建，具體到北京大學國學門的成立，中央研究院規劃歷史、語言、考古的研究領域，都與翻譯域外漢學背後的旨意是息息相關的。因此，重新閱覽這批民國期間的漢學譯著，對二十一世紀的現代學人來說，温故而知新，不但可以窺知民國學人追求新知的心理狀態，也會刺激吾人反思，認真思考學術研究方法與中國學術發展的前景，更進一步，探索文化傳統的重新闡釋與新知介入的關係。知識體系的變化當然與傳統的重新闡釋有關，是外爍的影響大呢，還是內因變化的成分居多？

論語·爲政記載孔子説：「温故而知新，可以爲師矣。」歷代解經，對這個「爲師」的道理，有兩種相近似但又取嚮不同的解釋。朱熹四書集注説：「故者，舊所聞。新者，今所得。言學能時習舊聞而每有新得，則所學在我而其應不窮，故可以爲人師。若夫記問之學，則無得於心而所知有限，故學記譏其不足以爲人師，正與此意互相發也。」雖然朱熹把知識分爲「舊所聞」與「新所得」，强調的却是「學而時習之」，從中生發新的心得，也就是從詮釋舊典中得到新知。這個説法與朱熹在鵝湖之會以後，作詩唱和，寫給陸九淵的詩句，「舊學商量加邃密，新知涵養轉深沉」，异曲同工，是一個意思，萬變不離其宗，舊學與新知是同一個脈絡的知識學理。

然而，有些朱熹之前的經學家，解釋「温故知新」，却有不同的取嚮。皇侃論語義疏就説：「故，謂所學已得之事也。所學已得者則温尋之不使忘失，此是月無忘其所能也。新，謂即時所學新得者也。知新，謂日知其所亡也。若學能日知所亡，月無忘所能，此乃可爲人師也。」皇侃明確説到，「故」指的是過去所學的知識，而「新」則指的是新近學到的知識，新舊結合，相互發明，就可以「爲人師」了。邢昺論語注疏循着皇侃的思路，也説：「言舊所學得者，温尋使不忘，是温故也。素所未知，學使知之，是知新也。既温尋故者，又知新者，則可以爲人師也。」這裏講的「素所未知」，就不衹是研讀舊學，有了新的體會，從過去的傳統中發展出的「新知」，而是從來没聽過、没想過的新學問了。這種「素所未知」的新學問，結合「舊所聞」，對習以爲常的知識框架，就會産生巨大的衝擊，而出現飛躍性的結構變化。知識内容或許大體沿襲傳統，知識結構却得以重新整合，出現嶄新的認知系統，重新審視自己文化傳統的意義，打開文化傳承的新局面。二十世紀上半葉的漢學譯作，就發揮了這樣的作用，促使中國學者放棄自我中心的文化態度，從各種不同側面，探知中國歷史文化的光譜，以域外（或是全球）的角度觀測中國傳統，摇動了文化的萬花筒，看到七彩繽紛的中國。

嚴復在甲午戰争之後，改良變法思想風起雲涌之時，開始大量翻譯西方思想經典著作，是有感於國人（特别是傳統文化孕育的知識精英）思維系統封閉，企圖介紹實證新知，引進邏輯思維的方法，以破除儒學之道「一以貫之」與「放之四海而皆準」的虚妄。他翻譯天演論，在序文中提到，有人歸納東西方學術思想，認爲中國文化重精神，是形而上之學，立意高超，而西方文化重物質，是形而下之學，衹追求功利的回報。他認爲，這種自以爲是的蒙昧態度，陷入傳統舊學的框囿而不自知，没有自我反思的能力，無法吸收「素所未知」的新知識，也就無法開展並弘揚自己的文化傳統。嚴復非常清楚他翻譯西方經典的目的，是爲了介紹新知，打破中國傳統思維的封閉性，但是，作爲披荆斬棘的拓荒人，他深知思想封閉者的頑固心理，必須因勢利導，以免遭到盲目衛道之士的攻訐。嚴復有其防身的策略，不會像許褚戰馬超那樣赤膊上陣，而是以桐城文章譯述赫胥黎、斯賓塞、穆勒、亞當·斯密、孟德斯鳩，博得晚清知識精英的贊許，文章深閎而傳入了新知義理。從文化變遷的角度而言，通過翻譯，以迂迴戰術來介紹西方思想，得到巨大的成功，產生了改變傳統思維體系的實效，是中國近代思想史上影響深遠的大事。以此類推，民國時期大量翻譯域外漢學的影響，也是不容忽視的思想史課題。

關於清末民初西方學術思維衝擊中國知識精英，顛覆傳統文化的知識結構，錢穆在現代中國學術論衡的序言中，從中國文化本位的立場，發出深刻的感慨，做了籠統的批評：「文化异，斯學術亦异。中國重和合，西方重分別。民國以來，中國學術界分門別類，務爲專家，與中國傳統通人通儒之學大相違异。循至返讀古籍，格不相入。此其影響將來學術之發展實大，不可不加以討論。」錢穆所指出的問題，是傳統知識體系强調「通」，文史哲不分家，最崇尚通儒，而現代學術講究專業分科，各司其職，以至於讀不通古籍呈現的整體性知識思維。姚名達在撰寫中國目録學史的時候，對西力東漸，西潮帶來的翻譯著作及新知新學，也有類似的感慨：「四部分類法，不合時代也，不僅現代爲然。自道光、咸豐允許西人入國通商傳教以來，繼以派生留學外國，於是東西洋洋籍逐年增多。學問翻新，迥出舊學之外。目録學界之思想不免爲之震蕩。」這種對學術體系發生重大變化的觀察，反映了中國學人從晚清一直到民國，夾在東西方兩種不同思維體系的衝突中，身歷其境的切身感受，因此感觸良多。

二十世紀上半葉最能代表中國學術的通儒是王國維與陳寅恪，他們浸潤了經史子集的四部知識傳統，承繼乾嘉篤實的考據學風，却都經過西洋邏輯思維與實證科學的洗禮，參與中國知識結構的轉型。對西方現代知識結構如何在中國生根發芽，不但再三致意，并且以自己的學術實踐來努力促成。王國維早在一九〇二年就寫信給張之洞，反對把經學列爲大學分科之首，而主張效法西方與日本的大學，設立哲學科，明確指出知識結構的分類不可因循傳統，而必須另起爐竈。陳寅恪在一九二五年就清華大學建制的問題，寫了吾國學術之現狀及清華之職責，指出大學的職責在於學術之獨立，而中國學術界的情況令人十分不滿，必須認真效法西方學術的體制及實踐。他說：「蓋今世治學以世界爲範圍，重在知彼，絕非閉門造車者比。」這兩位國學大師，對西方與日本的漢學研究十分注意，都是以開放態度對待域外漢學研究，集思廣益，以成其大家。

再回到「温故知新」的歷代經解，說説文化傳承的闡釋學意義。劉寶楠在論語正義中指出，上古之時，文化知識是上層統治精英的家學，不再治理實際政事的長者可以傳遞德行的知識，可以爲人師。「温故而知新」，就顯示長者不忘舊時所學，且能吸收新知，繼承并發揚這種學術與政治合一的傳統。到了孔子之時，時代出現了變化，士大夫不見得能够謹守家法，弘揚德行，也不一定能够「爲師」了。孔子之後，世變日亟，「道術爲天下裂」，文化知識不再爲少數統治精英所壟斷，也不必然與治理政事有關，學術在民間百花齊放，百家争鳴。但是，學術知識發展的脈絡基本未變，仍然是要温故知新，進德修業。從劉寶楠不經意的闡釋中，可以看到時代變遷影響了學術文化的內容，改變了知識結構的體系，但其内在發展的理路仍舊，還是需要舊學與新知的融合，才能有所發展。

劉寶楠還引述了劉逢禄的解釋：「故，古也。六經皆述古昔、稱先王者也。知新，謂通其大義，以斟酌後世之製作，漢初經師皆是也。」劉寶楠贊成這個說法，並指出，漢唐人解釋「知新」，大多數都沿用此意。也就是説，舊學是傳統的知識結構體系，新知是時代變化出現的新知識，必須相互斟酌，才能發揮得宜。至於如何對舊學「通其大義」，就見仁見智，各有說法了。從這個通達的詮釋來討論近代西學東漸的情況，我們可以看到，「温故而知新」在民國學人的心底，是産生「傳統」與「現代」糾葛的心理陷阱，不易跨越。若依照朱熹的説法，「學能時習舊聞而每有新得，則所學在我而其應不窮」，雖然在哲理上可以模模糊糊説通，但在清末民初的具體歷史環節，西學的新知屬於完全不同的知識體系，在原有的舊學脈絡中，根本無從立足，如何「其應不窮」?所以，真要放之四海而皆準，提升「温故而知新」的普世意義，以理解域外漢學譯著與近代學術知識體系變遷的文化史意義，我們認爲，皇侃、邢昺，一直到劉寶楠的闡釋，是比較合適，並與現代文化闡釋學的説法相近。

伽達默爾（Hans-Georg Gadamer）在他的名著真理與方法中，説到認知理性與文化傳統的關係，特別指出，人們通過理性，來判斷歷史文化中事實的真相，但是人的理性與生存環境息息相關，與傳統所衍生的豐富文化底蘊有關，不可能完全超越文化傳統的思維脈絡。他認爲，人生活在文化傳統之中，就不可能「遺世獨立」，以全能超越的抽象思辨來認識傳統，甚至是批判或顛覆傳統。傳統是歷史文化延續與傳承的表徵，不會一成不變，而我們的認知理性也會因時代變遷，而不斷重新詮釋傳統。伽達默爾的闡釋學以西方文化傳統爲例，説明新知如何納入傳統，而使文化傳統生機不斷，生生不息，與中國歷代經學家的説法（朱熹除外），有异曲同工之效。以此觀照民國時期的漢學譯著，我們認爲，這批學術新知傳入中國，對中國文化傳統的繁衍與發展，實有承先啓後之功。

近代海外漢學名著叢刊的出版，最值得感謝的是南兆旭先生二十多年來搜羅的執着與努力。雖然這套叢刊不能窮盡民國時期的漢學譯著，但是，能滙集上百冊自一九四九年以來在國內不曾重印的學術著作，再度公之於世，總是功不唐捐的大功德。忝爲本叢刊的主編，我面對這批民國學術材料，先是感到紛雜無章，有些原作者的學術素養也難副當前的學術標準，甚爲猶豫。後轉念一想，這是上個世紀中國最紛亂時期的學術記録，也是民生凋敝，國勢隤危，內亂外患交加之際，仍有許多學者孜孜矻矻，戮力翻譯域外漢學，爲中國學術的傳承拓展新知的坦途，不禁肅然起敬，開始用心整理分類。掛一漏萬，在所難免，好在有學殖豐贍的諍友擔任分卷主編，並撰寫各分卷前言，實在是衷心銘感。有傅杰教授負責「歷史文化與社會經濟」、戴燕教授負責「古典文獻與語言文字」、霍巍教授負責「中外交通與邊疆史」，吾道不孤矣。在整理編輯過程中，周威先生費心最多，也是我要衷心感謝的。

道術之存亡，全在人心之嚮背。這批民國漢學譯著重新問世，對我們生長在承平之世的學人，應當有激勵的作用，爲學術研究多盡份力，讓中國學術發展更上一層樓。

鄭培凱

二〇一五年七月

前言

一九四九年，身在美國的鄧嗣禹在遠東季刊發表近五十年中國歷史編纂學，總結半個世紀以來中國歷史編纂學從保守走嚮開放，「先是受日本，然後是英國、美國、法國，最後是蘇聯等影響」，既擴大了史料的範圍，又應用了科學的方法，把重點從帝國的政治事件轉移到社會經濟方面，終於「取得了巨大的進步」。鄭培凱教授主編的近代海外漢學名著叢刊，正是鄧氏提及的各國影響中的一部分——甚至堪稱是主要的部分。

本分卷主要包括兩大類：一是歷史文化，包括渡邊秀方中國哲學史概論、三浦藤作中國倫理學史、津田左右吉儒道兩家關係論、服部宇之吉儒教與現代思潮、五來欣造儒教政治哲學、濱田耕作東亞文化之黎明、梅原末治中國青銅器時代考、新城新藏中國上古天文、卡特中國印刷術源流史等；二是社會經濟，包括沙發諾夫中國社會發展史、駒井和愛等中國歷代社會研究、柯金中國古代社會、森谷克己中國社會經濟史、田崎仁義中國古代經濟思想及制度、卜凱中國農家經濟、馬札亞爾中國農村經濟研究、克拉米息夫中國西北部之經濟狀況、高林士中國礦業論、長野朗中國資本主義發達史等（以上作者譯名一仍所收各譯本）。這些著作引入中國的背景與影響，培凱教授的總序已經作了高屋建瓴、提綱挈領的論述。這裏衹就著作、作者、譯者三端分別舉例，略作一些補充説明。

先説著作。包括本輯在內，本叢書所選入的日本學者論著佔據了多數。曾有西方的東方學家概括日本學術實爲三餘：文學竊中國之緒餘、佛學竊印度之緒餘、各科學竊歐洲之緒餘。其言雖刻薄，却一針見血。但也正因善於嫁接，所以在用西方研究模式梳理中國歷史傳統方面，日本學者往往最具搶佔先機的便利，他們的著作也成爲當時的中國最多引進與借鑒的對象。例如梅原末治藉助於西方科學方法來分析中國青銅器的器形、成分，進而推論其時代的中國青銅器時代考在半個世紀中產生了廣泛的影響，如歷史學家吕思勉在先秦史中就引用過他對殷商時代青銅器的分析，考古學家黄展岳在關於中國開始冶鐵和使用鐵器的問題中則對他殷代已知用鐵的觀點提出駁正。卡特的名著出版至今九十年，仍然是時常被引用的經典，除早期的節譯本，一九五七年北京出版了吴澤炎譯的中國印刷術的發明和它的西傳，一九六八年臺北出版了胡克希譯的經傳路德修訂的卡德著作新版中國印刷術的發明及其西傳。其書既出，哲學大師杜威也給以好評，桑原騭藏、鄧嗣禹發表了長篇書評。直至本世紀芮哲非的新著谷騰堡在上海：中國印刷資本業的發展（一八七六—一九三七），還指出正是卡特著作的出版，因其表彰中國印刷術的悠久歷史和對世界印刷史的巨大貢獻，迅速影響了一批中國學者，進而影響了近代以來的中國印刷史書寫。其實，受影響的還不止是印刷術與中西交流史的學者。以夢溪筆談校證而蜚聲中外的當代夢溪筆談研究第一人胡道静回憶，正是從卡德的書中，他才知道夢溪筆談：

> 卡特的書説明了史料的來源，還特別夸譽了夢溪筆談這部著作，説它這好那好。於是我這個當時對古籍祇讀先秦、兩漢之書的小伙子就迫不及待地去找這本沈括的名著來閱讀了。（夢溪筆談校證五十年）

至於沙發諾夫、柯金、馬札亞爾等用唯物史觀來研究中國社會經濟史的論著，在蘇聯和中國都引發過争議，而在當時就有學者指出，陶希聖等人對魏晉時期中國社會性質的看法，即深受沙發諾夫中國社會發展史的影響。

次説作者。各書作者背景各异，身份不一，研究中國的目的也頗有差距。其中既有津田左右吉這樣的學術大師，更不乏各學科中的權威名家，而且不少跟中國還有密切的聯繫。如濱田耕作與梅原末治師徒都在中國從事考古多年，不僅以自己寫下的著作、也以自己參與的活動，影響了中國考古學的發展，甚至用自己的工作給中國考古學家樹立了榜樣。早在一九二六年，北京大學國學門的考古協會與日本東亞考古協會成立東方考古協會，被譽爲日本考古學之父的濱田耕作就參與其事，一九二九年他又與高足梅原末治再赴北京演講，爲正起步的中國現代考古學注入了新的信息。其後梅原又在上海、天津、河南等地調查文物古迹。撰中國上古天文的天文學家新城新藏在二十世紀三十年代出任過上海自然科學研究所所長。撰中國農家經濟的美國學者卜凱從康奈爾大學農學院畢業後，次年即來安徽宿州，以傳教士的身份從事農村的改良試驗與推廣，在中國致力農業經濟學的教學與調查幾三十年。同樣是以傳教士身份在安徽宿州從事教育與宗教活動長達十二年的還有美國學者卡德——而他一生祇活了四十三歲。在離開中國後他一直從事中國學術的研究，在伯希和指導下研究中國印刷術的發明與西傳，傾注了滿腔的熱情，用盡了全部的心力，終以勤勞過度，在該書出版的當年與世長辭。

末説譯者。當年就有學者感慨，外國的漢學著作可資參證者甚夥，但譯著的數量與質量總體而言殊不令人樂觀，通西文者多鄙棄漢學，治國學者又忽視西文。從事者的學養並不都足以勝任這類專門著作的翻譯，因此有的譯文比較粗糙，但就已有的成績來看，仍有可稱道者。一是有的著作不止出版了一個譯本，如濱田耕作東亞文化之黎明、馬札亞爾中國農村經濟研究等時隔不久就出版了不同的譯本；有的甚至同一年中就出版了兩個譯本，如森谷克己中國社會經濟史在一九三六年既由中華書局出版了孫懷仁的譯本，又由商務印書館出版了陳昌蔚的譯本。二是譯者之中不乏後來的著名學者。如高林士中國礦業論的譯者是曾擔任北京水利水電學院院長多年、爲中國水利事業做出了卓越貢獻的中國科學院院士汪胡楨。在年過九旬之後寫的自述中，他還憶及當年由丁文江介紹認識了中國礦業論的作者、並受作者之托翻譯該書的經過。而梅原末治中國青銅器時代考的譯者則是舉世公認的甲骨學與殷商史權威胡厚宣，身爲中央研究院歷史語言研究所的研究人員，他正是在參與殷墟發掘之際譯出梅原末治的著作的。

世事沉浮，風雲變幻，這些昔日的譯著有的還在被學者屢屢提及，有的則塵封甚久，不再被人記得。如今輯而再印，使之重見天日，是既富於現實意義，也富於歷史意義的。現實意義在於這些譯著中的若干材料仍可供今天的讀者取資，若干見解仍可給今天的讀者啓示；歷史意義在於這些譯著中的部分雖然陳舊過時，無論材料還是觀點都被證明千瘡百孔，但它們在中國現代學術史的建立與發展進程中都曾經多多少少起過作用——因此它們不再僅僅是外國漢學史的組成部分，實際上也已經成爲中國學術史的組成部分，是我們不能輕忽，更不能遺忘的。

傅杰

二〇一五年七月

作者簡介

著者

濱田耕作（一八八一年—一九三八年），近代考古學家和漢學家，被譽爲「日本考古學之父」。他在京都大學創立考古研究室，開設考古學講座，日本大學中自此始設置正規的考古學課程，日本學院式的考古學從此開端。他在日本考古學上的功績，在於將歐洲各國、特别是英國考古學的理論和方法引進日本，講求田野調查發掘工作方法，重視器物類型學，等等。其主要著作有通論考古學、東亞文明的黎明、東亞考古學研究等。

譯者

楊鍊，二十世紀二十年代曾在日本陸軍經理學校留學。經他翻譯的日本漢學著作有張騫西征考、唐宋貿易港研究、中國歷代社會研究、西域研究、西北古地研究、長安史迹考、東亞文化的曙光、古物研究、西南亞細亞文化史等。

中國古代貝貨(一)

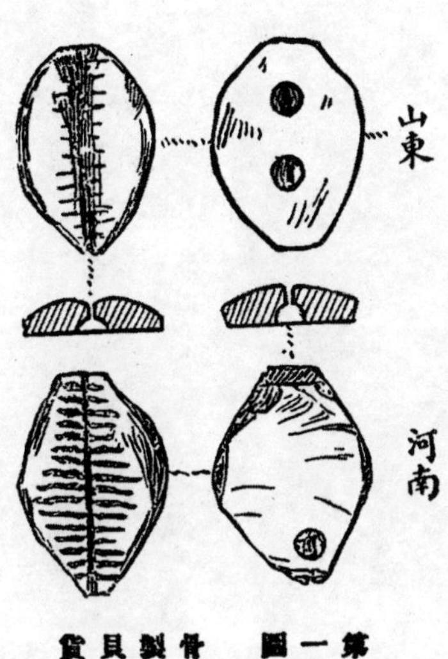

第一圖 骨製貝貨

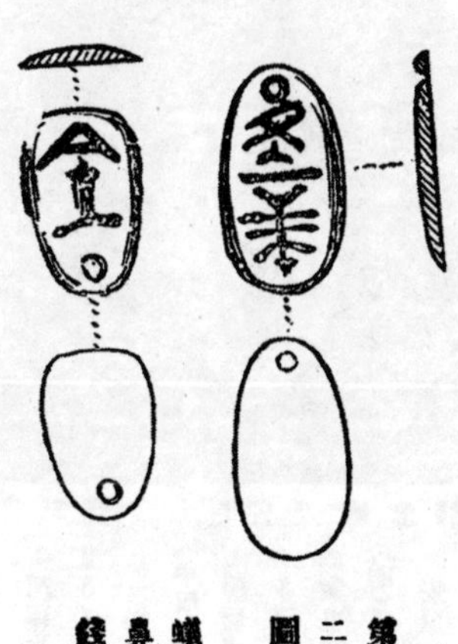

第二圖 蟻鼻錢

中國古代貝貨(二)

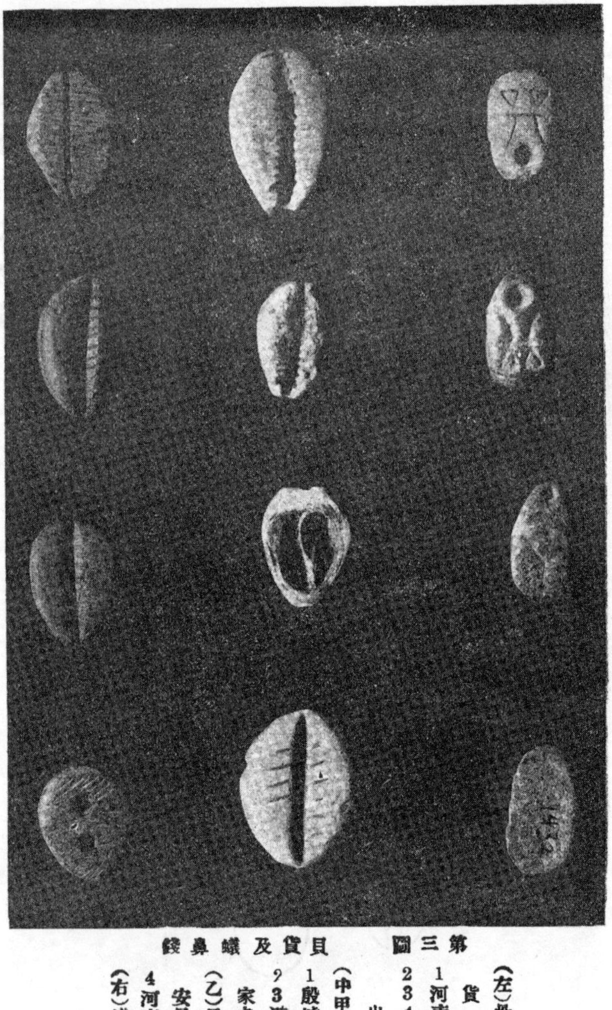

第三圖 貝貨及蟻鼻錢

(左)骨製貝貨
1 河南出土
2 3 4 山東出土
(中甲)貝貨
1 殷墟出土
2 3 滿州蓋家屯出土
(乙)貝製子安貝
4 河南出土
(右)蟻鼻錢

第一圖　銅爵各面觀

1 側面　2 底面　3 上面

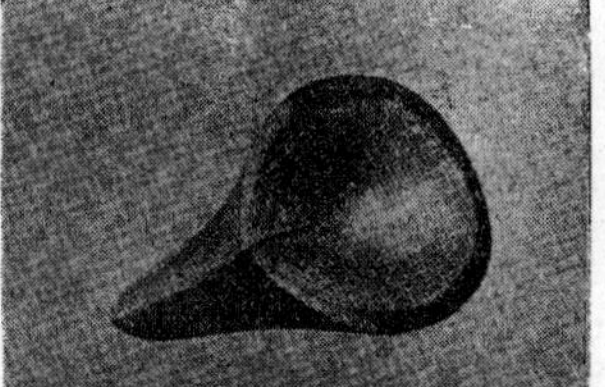

第二圖　犀角杯

(日本正倉院物)

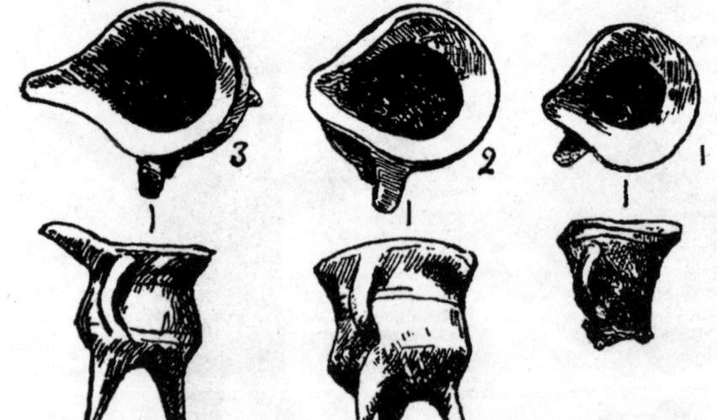

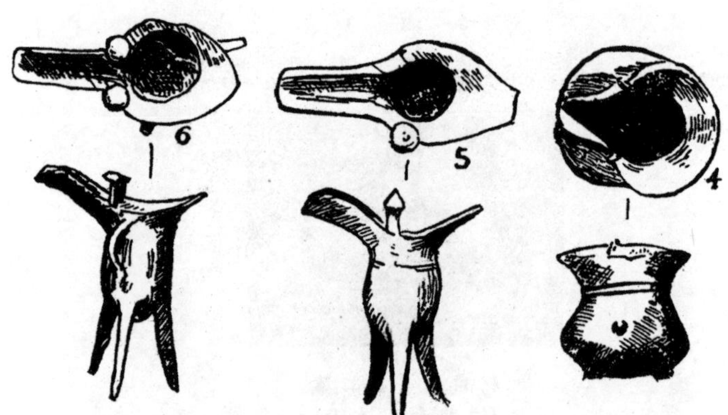

第三圖 爵形器演化圖(李濟氏)

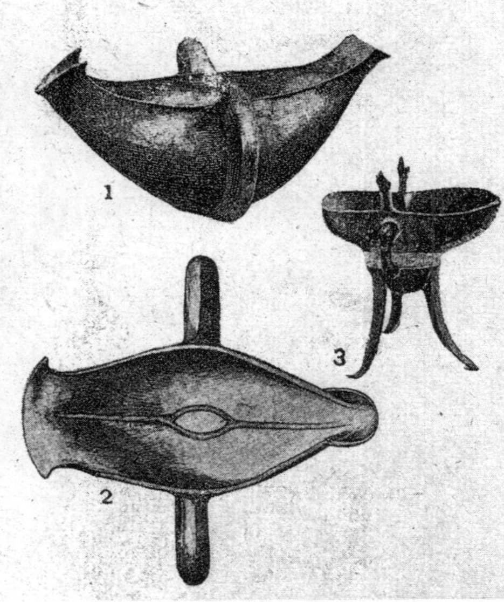

第四圖　特羅耶城(Troy)發現之黃金杯

(1)側面　(2)上面　(3)中國銅爵

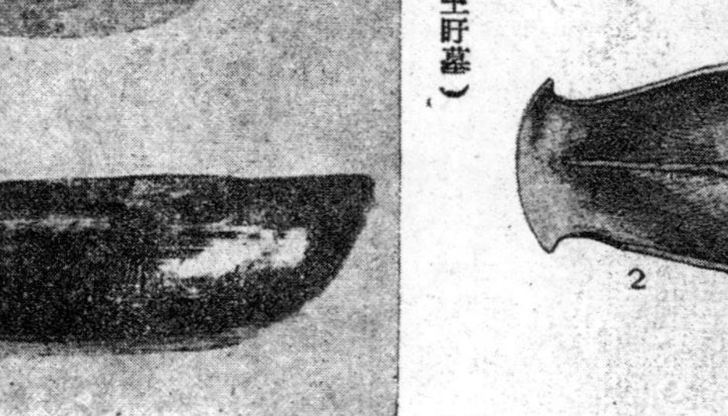

第五圖　漆耳杯(樂浪王盱墓)

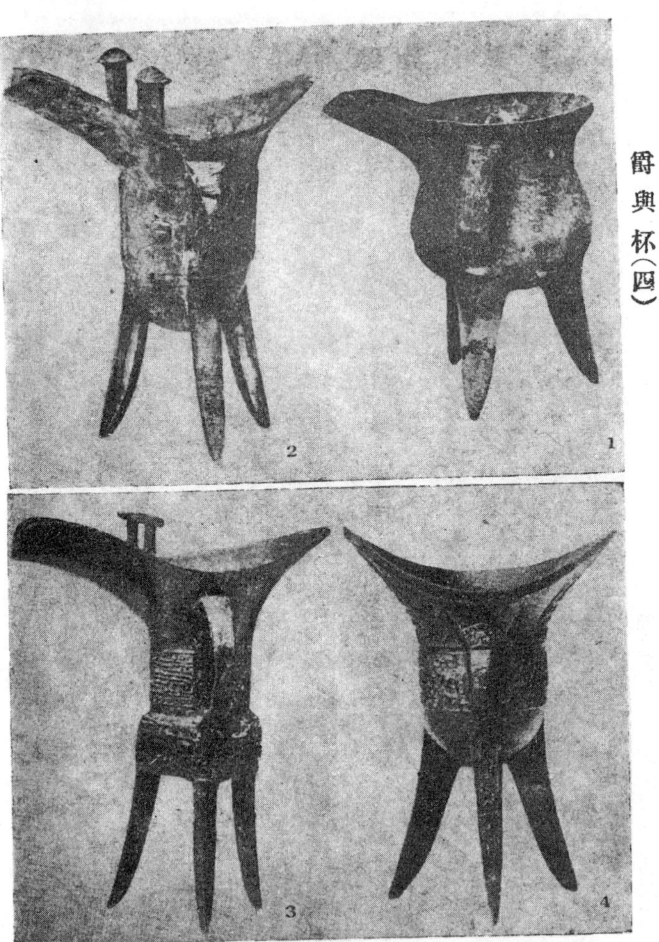

第六圖　瓦爵銅爵及銅角（日本大阪住友男爵家藏）

1 殷墟發掘瓦爵
2 3 爵
4 角

爵與杯（五）

第七圖　銅斝觚及觶（日本大阪住友男爵家藏）

5　6　斝

7　觚

8　觶

爵與杯(六)

1 秦銀耳杯（日本細川侯藏）
2 秦銀匏杯（仝上）
3 匏杯（攸木爾福蒲洛斯氏藏）
4 銅杯（樂浪出土）
5 瓦耳杯（遼陽出土）
6 銅巵（京都帝大藏）

第八圖 漆杯銀杯等

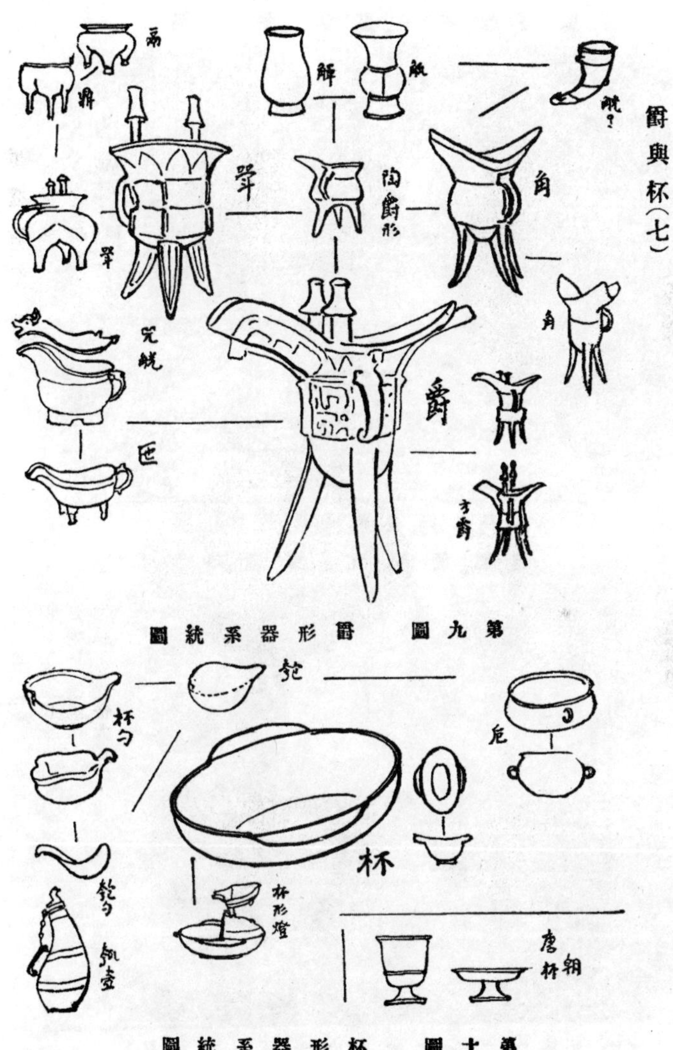

第九圖　爵形器系統圖

第十圖　杯形器系統圖

第一圖　漢畫象石擊鼓圖

(日本東京帝室博物館藏)

第二圖　瓦製猛獸圖

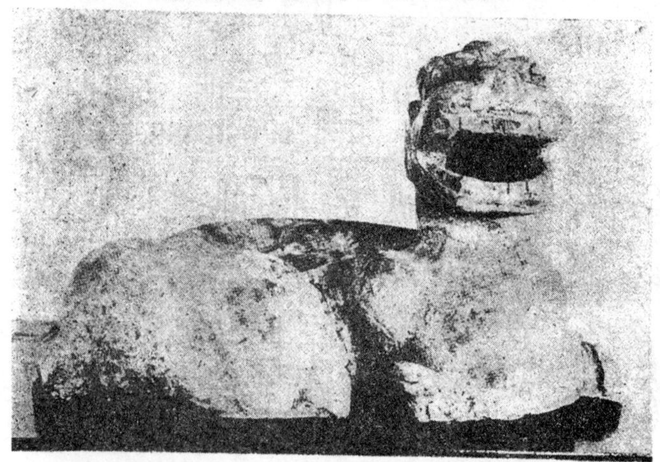

(日本東京帝大文學部考古學研究室藏)

秦之金人（二）

第三圖　銅製太皷

（日本大阪住友男爵家藏）

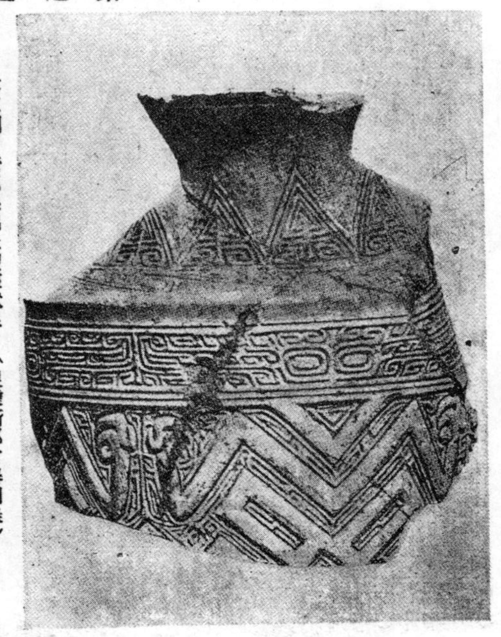

秦之金人(三)

第四圖　白色土器斷片（根據西倫 O. Siren 氏）

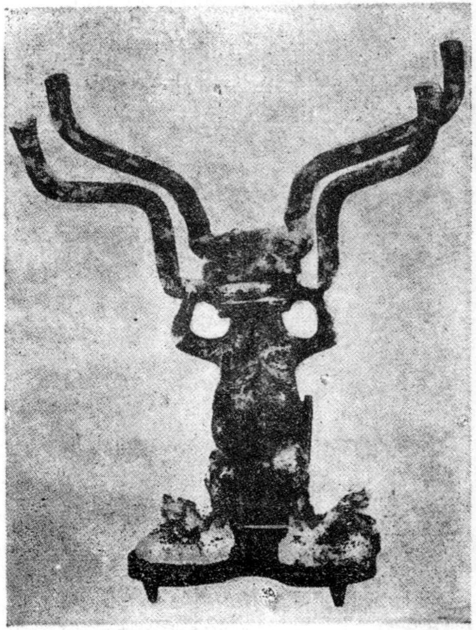

第五圖　新鄭縣出土豐座獸象（根據新鄭古器圖錄）

秦之金人（四）

A

第六圖　中國出土古銅象（根據西冷氏）

B

第七圖　乳虎卣（日本大阪住友男爵家藏）

第八圖　中國出土車軸楔金具（根據西冷氏）

秦之金人(五)

(根據李濟氏)

第九圖 殷墟出土石像

第十圖 武氏前石室畫象石宮殿圖之一部

銅製鍍金蠶形　(1)(2)日本京都帝大學文學部所藏　(3)(4)青島太田氏藏

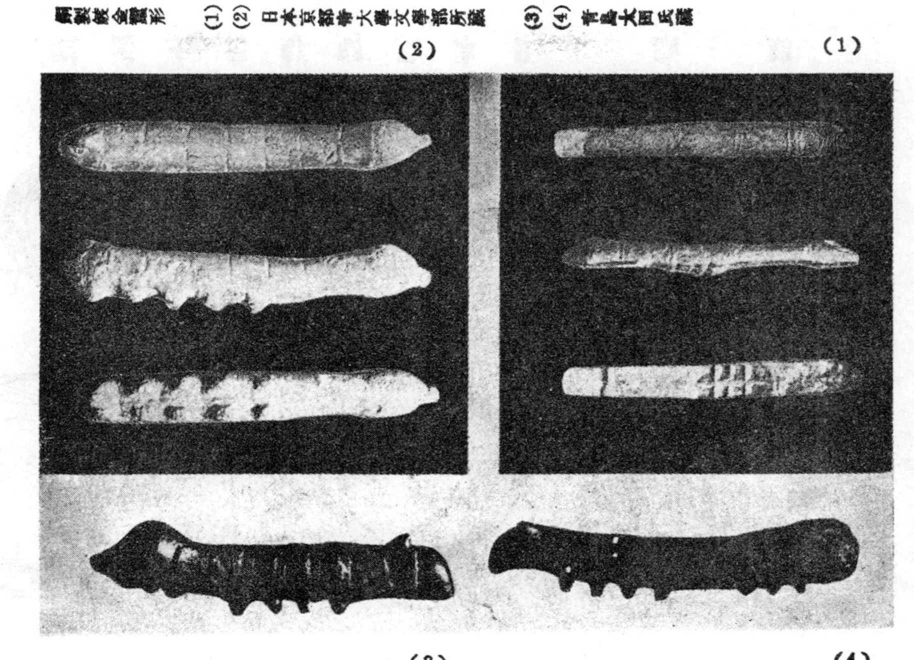

金　蠶

提瓶(一)

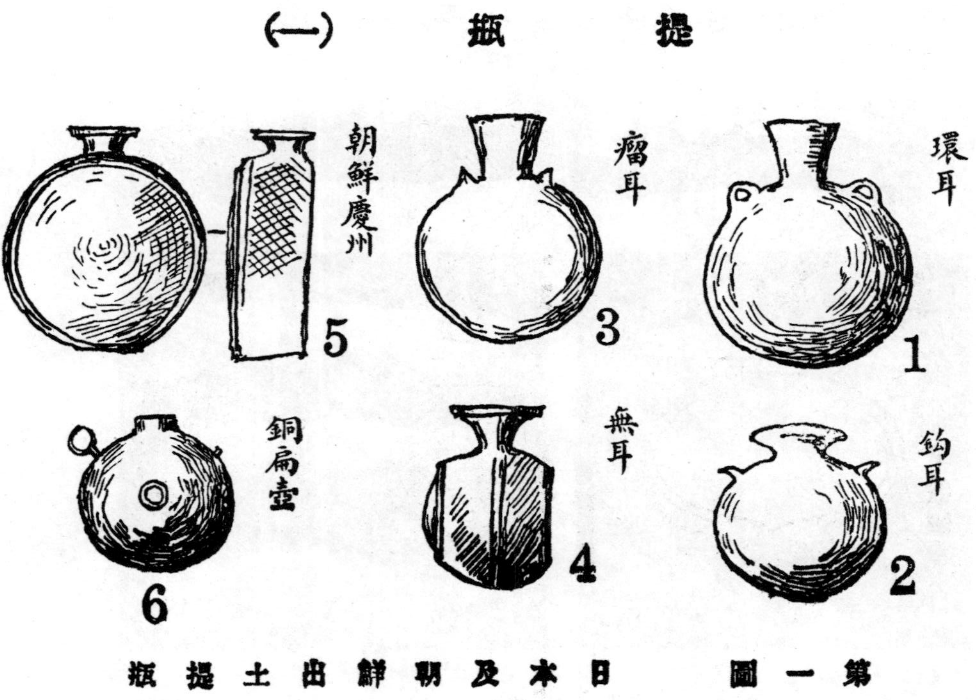

第一圖　日本及朝鮮出土提瓶

提瓶（二）

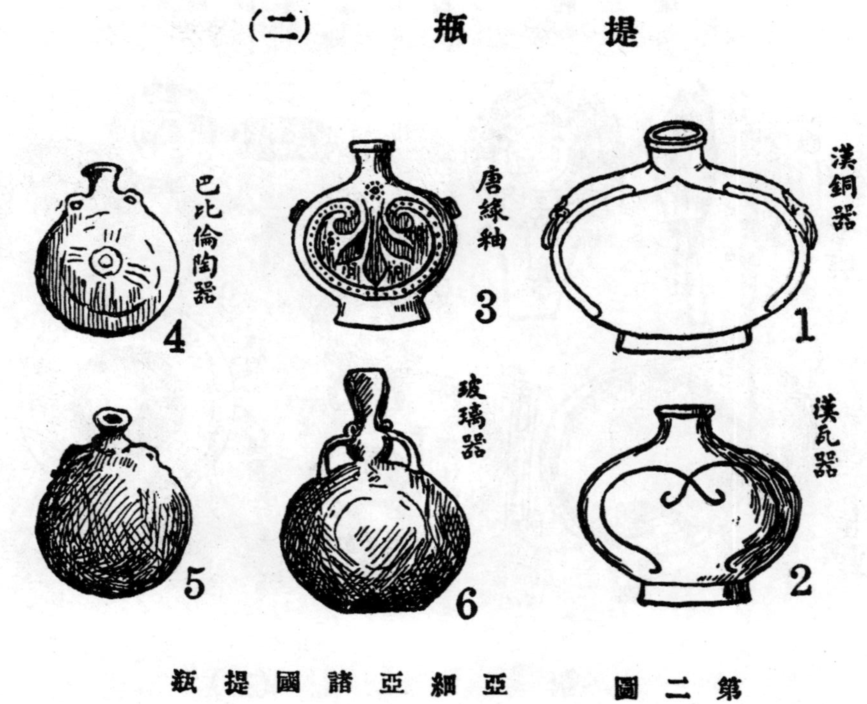

第二圖　亞細亞諸國提瓶

提瓶（三）

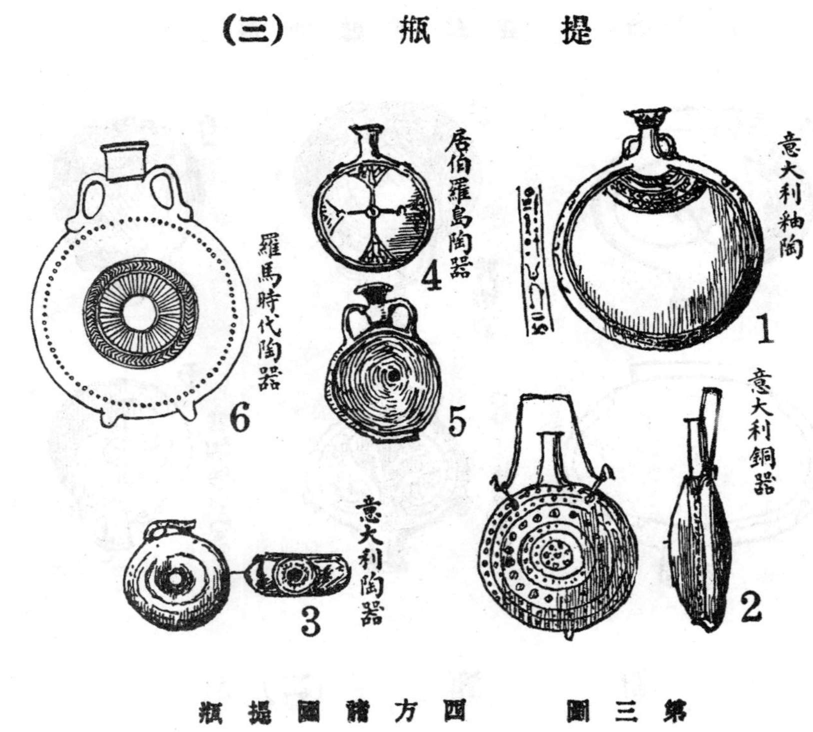

第三圖　西方諸圖提瓶

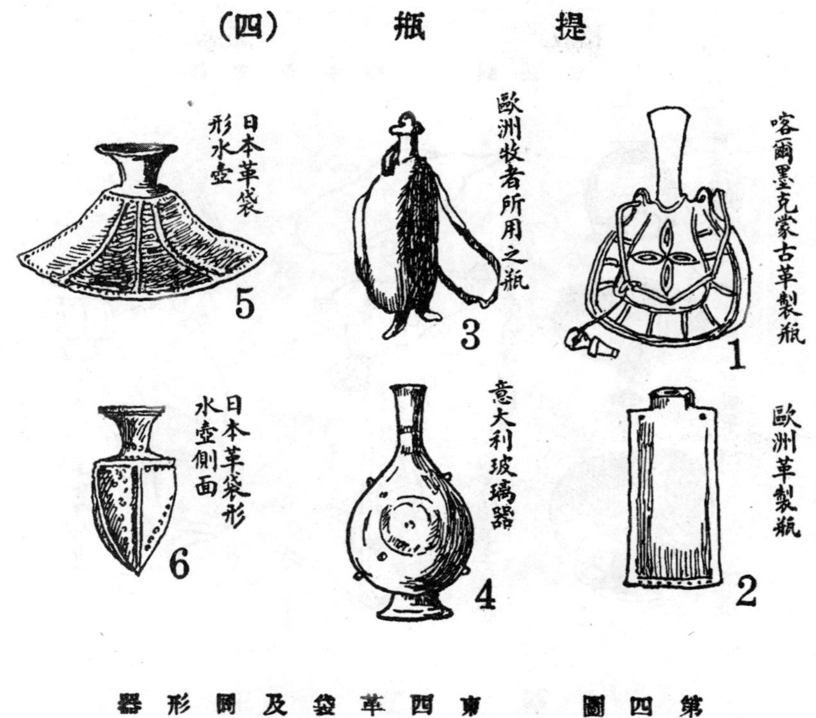

第四圖　東西革袋及關形器

提瓶 (五)

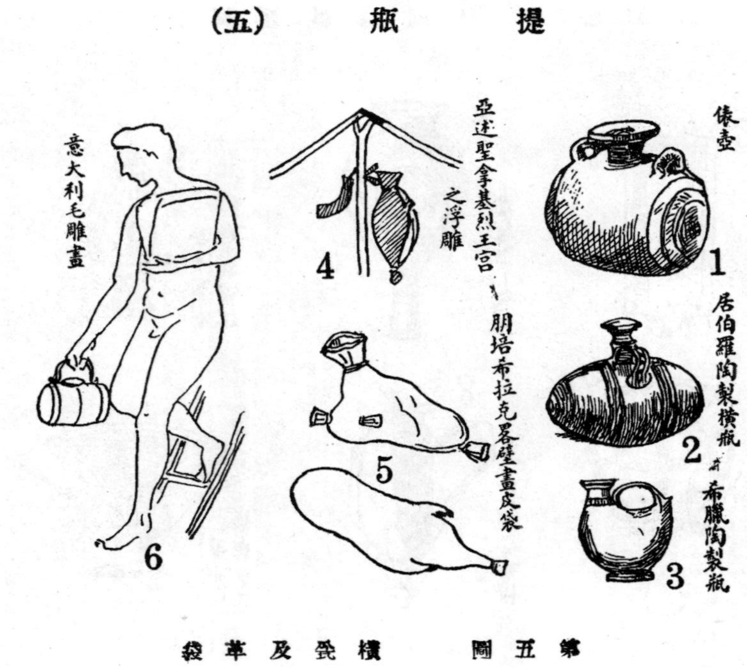

第五圖 橫瓶及革袋

長生（一）

第一圖　朝鮮江原道之蘇塗，累石壇，立石（共在一處）

（日本京都帝大秋葉教授藏）

長生（二）

第二圖　朝鮮江原道之長柱，蘇塗（共在一處）

（日本京都帝大秋葉教授藏）

(三) 生 長

(日本京都帝大秋葉教授贈)

第三圖　朝鮮忠清道之蘇塗・長生

目次

古物研究

一　中國古代貝貨

濱田耕作

有謂金屬貨幣，在中國三皇五帝之時，業已存在，其說之妄謬，在今已無更事論難之必要。羅振玉氏定周前爲貿易時代，而承認至周後列國時代，始發生金屬貨幣。就大體言，此說可謂不誤正鵠。（國粹學報己酉第二號，俑廬日札）然在金屬貨幣發生以前，即氏所謂貿易時代，一面施用貝貨，固爲從來一般學者所倡導，惟至羅氏，論證愈益明確，且對於貝貨遺品，試行若干之記述焉。茲引用俑廬日記中關於此事之兩三項如左：

吾友蔣伯斧諮議黼近撰化幣史，予以前說告伯斧，深謂然，且引許洨長說文解字貝字注云：古者化貝而寶龜，周而有泉，至秦廢貝行錢。是明云周始有泉，足爲君說註脚。吾說得許君說爲左證，差可自信矣。

貝爲海介蟲，古代開化在西北，距海遠，貝甚難得，故以爲寶。然爲難得，故或以他物擬其狀。福山王文敏公家藏骨製之物，與傳世之蟻鼻錢同，予定爲貝，並定銅製之蟻鼻錢爲古銅貝，已載之唐風樓金石跋尾，並記貝之文字三種。然除予所舉作全作⊖作乂者外，尙有作㒳者，乃𠕁字也。合全⊖乂諸字觀之，與周化幣文字同，則銅貝亦周物也。

周以前之貝，在最初時，必用眞貝。貝非易朽之物，何以未見出土者，豈以無文字，故出土時旋毁於畚鍤之下，不得寓於士大夫之目耶？抑貝因充貿易之補助，當時所用至稀，故罕見耶？願海內方聞之士一考究之。

按此記錄所貢獻者，與中國貨幣起原論最緊要，且爲有趣資料，惜未對其發見之地點，實物之形狀等，詳細敍述之。不圖昨年，羅氏來住京都，親視其襲藏貝貨，並得傾聽其關於此類之詳細談話，予輩茲特以之介紹於左，復略附私見焉。

羅氏所藏貝貨，似骨製之子安貝（*Cypraea moneta*）形，普通長七八分，闊五六分，厚一分乃至三分。一若係用銳利的青銅製（或爲鐵製）之刀類而刻成者，在表面中央部鏤有一縱線，而兩側復刻十數之短平行線，恰似子安貝口邊之形狀。裏面平滑，開有徑一分許之半圓形小孔，與表面縱列線之連絡處，更見有二厘至五厘之小縱孔。惟在山東省滕縣發見者，常有二孔，而河南省新安縣出土者，僅有一孔。又關於其製作方面，前者稍稍精緻，全體帶圓形；反之，後者切斷面粗糙，貝面約有幾分扁平，平行橫線長短不一，截刻於縱線之兩側。至其色澤，則帶淡褐色，亦有淡綠色者，蓋加染所成也。

此種貝貨之發見地，如前所記，爲山東省滕縣（俗云紀王城）與河南省新安縣之二處，要皆非墳墓之所在地，聞係出自土器之中。同時，關於發見之個數及發見之狀態等，固難明瞭，惟山東省發掘者，羅氏所藏在二十個以上。想見其他散逸者不少，當初發見必更多。河南省出土者，數約二十枚，除骨製者外，以眞貝酷似子安貝之形者，聞有其一。

此等貝貨，卽如羅氏所指，周以前，商代之遺物，雖難積極肯定其準確之時代，但余輩對於以之爲周以前之遺物，未見若何不妥也。由其外貌論，頗帶古色，明示爲半化石之狀態，斷非僞品。人或有疑此骨製物品，不能久經三千年而不滅者，實則視其存在之狀態如何，更能保持其數倍之命數者，不足爲異焉。例如歐洲石器時代，在馬德林期（Magdalenian period）掘出多數之骨器，有於馴鹿舊象等之骨牙上刻劃形象者。埃及西亞等處，發見有史以前之骨牙製品，亦頗夥多。羅振玉謂前次河南省彰德府殷代遺墟發見之骨製品，其裝飾模樣，與商周古銅器之模樣，完全相同者，及其他刻貞卜文字之龜骨牛骨等，並可參考。惟余獨對此貝貨，不認有挾疑之必要。

其次，蟻鼻錢，即羅氏所謂銅貝者，較之貝貨，早已爲世人所知。但關於模擬貝形之見解，却爲羅氏之創見，惟拺考配來(Terrien de Lacouperie)氏於『貨幣及徽章』之中國部份中，已述之曰：

…"But we trace its influence in the issue of small copper coins, shaped, indeed, as a small cypraea, roughly imitated by their ovoidal or pear-like form, and commonly called dragon's head coins and ant-coins, or ant-nose. coins" (Coins & Medals, edited by Lane-poole London, 1885)

氏言此錢，共有兩，半兩，各六銖三種文字，據其書體考察，乃紀元前一世紀之物，即南方楚國之物也。

又據李氏『古泉匯』載：

漢書食貨志王莽時尙有龜寶十品，貝貨五品，今世所見莽泉不少，而龜貝寶貨竟無一見何？世故以螺蚌之屬爲貝，無確據。彙考云：曾見一拓本，乃以銅爲貝形，未知卽莽貝否？（卷首古泉臆說）

又如翁樹培氏『古泉彙考』所言：以銅爲貝形者，殆皆指蟻鼻錢耳。然至提出王莽復興貝貨之疑問時，則又與辣考配來氏所說者大不相同，且與羅振玉氏周代遺物之見地相異，余姑從羅氏之意見。

蟻鼻錢，備載於『古泉匯』及其他錢譜，今觀羅氏藏品，計長五分至七分，闊三四分，厚五厘許，爲橢圓形或杏仁形之銅製品，一方有小孔。表面刻全㕣等文字。就其仿製子安貝之形諸點而覲，則謂爲周代之古字似非不合理也。雖無縱劃之線，未能充足表示子安貝之特徵。然余鑿缺乏古文字知識，祗得避免自下斷定。

以上所述，爲羅氏所藏貝貨及銅貝之大要，且介紹氏之意見。夫中國在金屬貨幣使用以前，果行此貝貨乎？竊欲一試考察之。按刀布等金屬泉貨，係在周末至春秋戰國間所發生流行者，殆無疑義；至其以前，概爲物品交易，然其時，用某種物品爲交易之媒介物，以代貨幣之用，亦可推察而得。貝之爲物雖少，亦當與其他媒介品同作貨幣之用，此就中國文字學上之知識，與人類學士俗學上之例證而推測之，最爲有力。許愼『說文』貝字註云：「古者貨貝而寶龜，周而有泉，至秦廢貝行錢。」『詩經』諸古典中，早有重貝之記事，且貨字寶字從貝，其他買賣資財等經濟的事物所表現之文字，皆從貝；而在許愼當時，卽取以貝爲貨之傳說而證之也。吾人研究中國古人視貝爲珍寶之各種記事，知其有最適於保藏蓄積之性質，故貝貨說，決無不當，且世界諸民族，亦有類似之事實也。羅氏所藏貝貨，爲子安貝（Cypraea moneta）之形狀，此爲裝飾的貝貨，廣行於諸人種之間，其大多數，殆皆不出於子安貝之外也。因缺乏天然之貝，及其他理由，故以他物模造之，此例殊多。至於距離海岸產貝地遙遠之中國古代文化中心，此種現象，更不足怪。

說文謂秦廢貝行錢，在周末春秋列國時代。若就盛行金屬貨幣之事實考察之，恐周末貝貨已將絕滅。迨至王莽時，因其政治慕古，曾一時復興貝貨，惟果行至若何程度，實際上是否通用等詳細情形，則沒由知之。然而雲南方面，在十三世紀時，尙由印度輸入貝物，以作貨幣之用，此爲 Marco

Polo 氏告於吾人者也。西藏十二世紀時，始用銀以代子安貝；印度孟加拉，至少自西紀一世紀以來，係用子安貝爲幣，洎十九世紀，猶到處使用，其貝從馬爾迭夫（Maldive）及拉加迭夫（Laccadive）諸島輸入。後印度諸國之暹羅，用貝迄至於前世紀，即斐律賓羣島，亦有此風。是則亞細亞東南部，盛行子安貝，充作貨幣，但至西方，此俗漸次減少。然以之爲裝飾及貿易品之用者，決不少。如阿拉伯人及波斯人，有以之爲小幣而使用者。其在高加索，東土耳其斯坦等處，發見較少，當非用作貨幣也。至於歐洲之北德，英格蘭，斯干的那維亞，拉伯蘭等處，在其史前之古墳中，發見子安貝，亦單用作裝飾者；又 Layard 氏由西亞尼尼微故墟，掘得子安貝。徵之此等事實，足證子安貝自古使用之矣。其次，如阿非利加東西兩海岸之地，有以現時子安貝用作貨幣，或僅供裝飾，而愛玩者多，諸家所記，不遑枚舉。以上主要是根據 Schurtz, Beitrage für Entehung des Geldes 及 Ridgeway, Origin of Currency and Weight Standards 等書

用子安貝以外之貝爲貨幣或作裝飾者，諸人種間，不乏其例。即在中國，愛玩子安貝以外之各種貝類而重用之事實，試閱『爾雅』釋魚所記，貝之名色最詳，即可爲證。即羅氏發見之殷墟遺物中，見有加工於貝殼及類似眞珠貝，法螺貝等之貝殼，亦足爲證。蓋此等苟不用作貨幣，當不能保存。

Schurtz 氏於『貨幣起原考』中，敍述在喀羅林羣島之育浦（Yap）島上以眞珠貝爲貨物，卽在中國，亦有此事云。雖其所據不詳，要非無稽之談也。且在北美土人中有研磨黑白之 Venus mercenaria 貝等，造成管形而連結之，卽所謂 Vampum 者，以爲裝飾或作貨幣之用。其他有此風俗之地，亦復不少。

予輩於以上列舉之諸人種間，以貝殼（尤其是子安貝）爲貨幣及裝飾之例，雖能間接旁證中國古代以子安貝作貨幣之用，但其次發生之問題，卽前記山東河南發見之仿子安貝形之骨製品，果爲貨幣之用乎？抑單作裝飾品乎？實一問題也。吾人所以難於判斷者，因兩者用途係由一而發生，不得勉強解決其一方也。子安貝雖能作貨幣之用，但其基礎，却在裝飾目的上。在新波美拉尼亞及附近之島嶼處，有稱爲 diwarra 者，以 nassa callosa 貝爲小圓板，貫絲成串，用爲裝飾，更用爲同種族間之貨幣（Binnengeld），裝飾品卽貨幣，二者殊難分析。其他各地使用之子安貝，幾全部可認爲屬於此類者。按山東河南所發見之遺品上，有一個或二個之小孔，或卽以絲連貫而爲裝飾品也。

因此，吾人得貢獻一個假定說之機會。卽中國自秦漢以來所行之圓形方孔錢，（周時已有景王之寶貨，次有明刀錢，惜猶未顯著。）常以緡貫之而攜帶貯藏，蓋亦從以絲穿子安貝爲首飾或其他裝飾而出者也。按貝字卽象貝之形，說文解爲頸飾。故凡女之頸飾如嬰瓔纓等字，皆由此出。蟻鼻錢卽介在貝貨與圓錢之間。此說未必爲我輩所創唱，如 Schurtz 氏業已引舉斯克利巴氏等說，而於其『貨幣起源考』第四十二頁中言曰：

"So beherrscht die Porcellanschnecke noch heute ein ausgedehntes Gebiet. Aber auch dort, wo sie zurückweichen musste, hat sie immerhin noch einen gewissen Einfluss geübt, so besonders in China, dessen auf Schnüre gereihte, "Cash" ein Nachakmung der Muschelschnüre zu sein scheinen……

然則吾人可知圓郭方孔之錢，係由刀錢柄端存有圓孔之部分發達而來，而刀部則減退而脫落也。如王莽復興之契刀，刀部僅剩基本 (rudiment)，而圓形之柄端則完全與圓錢同一形狀云云，當時此說既出，有不能不令吾人容認者，然吾人亦可試爲有力之反對說，蓋此論者應知盛行刀錢之春秋列國以前，周代早有寶貨等圓錢存在之事實，不知果當如何說明也，恐對此難得適當之解答矣。翻而觀吾輩所主張者，爲由貝貨蟻鼻錢發生圓錢之說。夫以緡貫穿圓錢之方孔，不問其爲未開化民族，亦能自然的想得，殊難強謂其淵源於貝飾。然此非積極的駁論，且西歐諸國之貨幣，由希臘古代以迄今日，未見有有孔者也。蓋希臘之貨幣，乃由盛產 Electrum （含銀之金礦）之呂底亞地方所創始，多以貴金屬製成，其價昂貴，鮮有如銅錢連結多數之必要，亦不若銅錢之便於穿孔通緡。故卽在近時之西洋，謂白銅錢應穿孔者，尙無唱道之者也。由此考之，有孔圓錢當屬於連串之貝貨系統，此雖假定之說，然亦不受不穩妥之非難也。

吾人對於周初以前用子安貝爲通貨，其次以銅模仿貝形，卽所謂蟻鼻錢者出，更進一步，遂發生圓錢，然非謂中國專以貝爲交易唯一之媒介品也。倘爲熱帶未開化民俗，毋需衣服，未達農業區域，棲息於天然產物之間，則以身體之裝飾品爲唯一之有力媒介物。惟若中國商周之世，巳進入農業時代，居必需衣服之土地，故因生活狀態之必需，遂有其他媒介品之存在，實當然之情形也。例如農具、布帛，輕便之利器等，乃其最普遍者，不難察知也。於是由農具（鋤）或布帛所發生者，卽爲布泉，由小刀發生者，卽刀錢，因此，吾人對於中國，至少當認由三種貿易媒介品而發生之三種貨幣。關於此問題精細之考證，非本文目的，在玆僅略一記述之。

附言　起草本文時，著者深蒙羅振玉氏及文學博士內田銀藏供給材料，獲益甚大，玆特鳴謝。

貝貨考補遺

余輩曩於「中國古代之貝貨」一題之論文中，述及骨製貝貨，且謂蟻鼻錢，在其系統上，介於貝貨與圜錢之間。此論旨發表後，恰見在『考古學雜誌』第二卷第十號中，揭載拉讓斯丁君之「蟻鼻錢」一篇。文中亦論及骨製貝貨，而謂貝貨與蟻鼻錢，各自爲一系統。與吾人見解，全屬相反，但原非事實之議論，乃假定說之相異耳。果若是，則予輩擬任讀者判斷，不欲加以論駁矣。茲幸拉讓斯丁君與予輩同樣對此問題抱有興味，故對其反對說，表示敬意。茲擬補述前考中遺漏之滿洲貝冢所發見之子安貝，自信爲余輩當然之義務，姑記之如左。

有骨製貝貨而未發見眞貝之遺物時，應根據如何之理由乎？據羅振玉之疑言：「貝非易朽之物，何以未見出土者，豈以無文字，故出土時旋毀于畚鍤之下，不寓於士大夫之目耶？抑貝因充貿易之補助，當時所用至稀，故罕見耶？」然眞貝比之骨製貝貨，決不能謂之使用者少。蓋以無文字等故，因而未惹起無智發掘者之注意，致失提供學者考證之機會也。幸滿洲有考古之士，根據學術的見地而發掘古墳者不鮮，就盧家屯附近貝冢中所發見被保藏之子安貝而觀，誠可謂學者之幸事也。

盧家屯，爲熊岳城北方六哩餘之小驛。附近一帶數年來，掘得無數貝冢，獲各種土器土偶銅器五銖錢等遺物甚夥。前歲滿鐵島村法學士，在一貝冢中遺骸頸部處，發見許多管玉（白色練製）小玉（玻璃）等及子安貝十二箇。由其存在之狀態推斷，爲頸部裝飾之用者，殆不容疑。

此子安貝，今歸南滿洲鐵道株式會社保藏，其一部近贈於京都帝國大學，貝長由七分至五分。表面爲白色，但腐蝕變黑之處不少。裏面除去磨滅之貝殼表皮，開有橢圓形之孔，形如圖。此孔殆所以通紐，足證係供裝飾之用者。惟其數僅十二個，苟以此子安貝形成獨立之頸飾，似覺過短。若非與其他材料聯合使用時，則當爲頸飾以外之其他裝飾焉。

按盧家屯附近之貝墓，與熊岳城旅順等者同，主以牡蠣殼迴繞屍體。就其內部所掘得之土器形式及五銖錢（有時爲貨泉）等古錢觀察，斷定其墓爲後漢或相近之時代所築。其埋葬者，雖不能判定爲漢族或其他民族，但自其遺物之性質觀察，推知其爲化浴於漢代文化之一種民族，當無異議也。然則卽如此之子安貝，此時代既有五銖錢，或貨泉等發達之錢貨存在，可知當時貝貨已失貨幣之意義矣。惟珠玉以外，復用爲裝飾品，蓋無非明示通貨與裝飾兼用時代之遺風耳。吾人在此不獲原貝遺物之今日，幸能目擊滿洲漢代古墓中所發掘之裝飾的子安貝，誠爲欣幸。

附記　本篇發表後，由中國各地出土之貝貨骨貝，頗多引人注意者。就中如河南省彰德府安陽縣之殷墟所發見之子安貝，（第三圖中1）在一銅器中容納貝殼製子安貝數十，報告係由河南省所發見者。（同上中4）

二 爵與杯

濱田耕作

中國古代之飲酒器中，最有特殊之形態，因之在古銅器之內，具有最華麗的美術品形狀者，名曰爵。其器體如彼西洋倒置之兜，一方爲尖「尾」，他端爲長「流」，其上立二柱。又在器旁有把手之「鋬」而載於尖銳之三足上。此種形狀，與其視爲唇形科之花開狀，不若謂爲近似鳥形，因此以雀之同音名稱呼之乎？抑爲偶然同音乎？總之，如說文云「象爵者，取其鳴節節足足也」或如博古圖爵總說「爵則又取其雀之象，蓋爵之字通於雀，雀小者之道，下順而上逆也，俛而啄，仰而四顧，其慮患也。」等等，俱以此器象雀形，表示能飛而不溺，或如雀之少飲而戒酗酒之意，惟此非說明爵之起源，不過其後附隨之中國學者倫理的解釋耳。❶

與爵屬同一系統者，有觚、觶、角、斝等器。就中與爵最有親密關係者爲斝與角之二物。❷惟此二物，較爵之器形稍爲簡單。兩者雖俱具有三足與鋬，但角無二柱，僅其器體之兩端有尖銳之「尾」，近似爵形。反之斝器上邊圓與爵異，惟附有兩柱，却與爵相類。在此吾人發生兩種解釋，一爲斝與角較爵具有原始的形狀乎？一爲反由爵中生出此簡單化所謂退化形式乎？然則現今所見之斝與角，此兩解釋均可在爵之器形成立以前，或如角之無柱或無流尾之區別，又如斝之口邊圓形，當可想見。在禮記明堂位有：「爵、夏后氏以琖、殷以斝、周以爵。」之句，此記者以斝元來較爵爲古制，其所見甚有趣。尤其是同在周代同時存在斝角爵，此事在彼端方舊藏之柉禁一具中分明此三者與其次之觚觶等併存。又如觚觶雖有低臺但無三足並無「流」「尾」，凡圓形或橢圓形之器，古來俱隸爵屬，此堪注意者。❸至於爵之爲酒器，固不待言也。

如前所述三足與「柱」或「流」與「尾」，爲爵屬之本質的部分，此一屬之器，通有橢圓或圓形之體，而口部開闊，其基本的形狀，可以見出也。然則此本質的部分，果如何發生乎？蓋此種圓形闊口之器形爲物器最普通所見者，若追溯其形質之起源，或爲一般人類以天然之品物作器用，則此亦猶瓠瓢之實或如貝殼獸角等，有空洞之自然的品物，以此象徵之，最覺妥當。

然於瓠，瓢，貝殼，獸角等之內，應歸於何者？由爵屬之深空一點而觀，固非貝殼之淺空而當歸入其他之二者爲適當。且書寫觚、觶、角、等文字時，在漢或其以前之學者，得想像其由獸角起源，因此等文字之構成從角，似得容易窺知之。以獸角用作酒器者，例如古代希臘之"rhyton"亦見及。又如歐洲中世之飲角（Drinking horn）與日本正倉御物中之犀角杯以及其他各地之土俗器，皆爲自然的發生者。尤以獲得獸角容易之北方遊牧民族，與嗜好狩獵之民族爲然。反之，在南方和暖地方或海岸民族，利用天然豐富之果殼貝殼爲酒器，却爲最自然的現象。總之，在中國至少飲酒器之一系統，得知其由獸角發生。若以獸角之根幹橫平切之，則發現如斝之圓形口緣，再以之如蒙古人斜切之，則與爵狀仿彿作出兩端長銳之形狀矣。❹

但此種銅器之爵形，直接由獸角而來歟？或在許多器物之中，忽焉摹仿土器陶器而變化成此歟？或由其他金屬器翻造者歟？余以爲土器之發達，間接影響於諸種銅器之製作，可無疑義。惟新燒之土器，使盛酒與飲水，必有一種土臭及其浸透性，決非可認爲適用者。因此，於祭祀喪葬之禮儀外，實際用作飲器，乃採適口之優良獸角，藉能長久使用之。不僅單純之飲器如此，即具三足之禮器如爵者，其初已有爵形之土器，在他處成立，如三足之鬲鼎是也。

關於此層，由河南安陽之殷墟中發見之無兩柱而有三足與流之土製爵器，李濟氏視爲銅爵之「早一期的」古形，並圖示爵形之演化，實爲有益之見解，然又有視爲模寫銅爵而簡單化者。⑤再者，中國玉器的製作，乃古代特殊工藝之一，係起於周漢之際。當時獸角之飲器亦被翻造爲玉器，但以玉器欲製成深空洞，並附三足，實屬困難，此俟余後面述之，更加有其他的事情，於是玉爵之製作漸自消滅，而玉杯乃出現焉，此可懸想而得者。

以獸角之根幹切斷而爲飲器，固得充分達其目的，但以底面之尖角，不能平置，且裝飾爲祭器，尤必需臺脚。因此在銅器尤其是作祭器時，遂附加三足。如是，則欲温酒置火上，亦頗便利。斜切根幹之獸角口邊，兩端皆尖銳，適於脣之就飲，而無注水器如匜之「流」，更爲便利把握計，附加土器上通行之把手「鋬」，此皆可懸想而得者。 Münsterberg 氏與 Osvald siren 氏所記，大都據中國人之俗說，謂類爵之「匜」，乃飲冷酒時所用者，又謂爵之兩「柱」，乃置於火上使熱時，用爲把手者，⑥皆難令人首肯。

然則，突出於爵與斝之兩「柱」，既非如 Münsterberg 氏之說用作把手，則應作如何解釋乎？清程瑤田對於周禮考工記梓人條中鄭鍔註解曰：「飲酒之器，大小有度，鄉衡有法，則命梓人爲之焉。」謂鄉衡，即爵之兩柱，於飲乾時與眉額相齊所以節度飲酒之容貌者，故言「兩柱蓋節飲酒之容，驗梓人之巧拙。」如是解釋，自亦遽難佩服。（考工創物小記）而宋之呂大臨於考古圖中指此「柱」爲飲完時，「兩柱爲耳，所以反爵於坫。」一說皆難憑信。⑦（馬衡氏中國金石學概要）何則？試觀李濟氏所舉之殷墟瓦爵形品皆缺此柱，則誠如吾人之想像，爵之兩「柱」，較之「鋬」或「流」，決非本質的部分也。

如上所述，銅爵之形成由漢民族在中國自爲之歟？抑採取其他民族之形式或獲得暗示歟？此非容易解決之問題，惟吾人有宜討究者爲一器物，即小亞細亞特羅耶城（Troy）遺跡所發見之黃金製之「舟形杯」是也。爲休利曼（Schliemann）博士於一八七三年在特羅耶城址發見帕利安寶器（Treasures of priam）之一，認爲尚在荷馬所詠之特羅耶以前。彼記其發掘的經歷，撰爲「特羅耶與其遺物」（Schliemann, Troy and its Remains, 1875）一書，云荷馬詩中所述之「δεπας αμφικυπελλον 有兩把手之杯，」用純金凡六百格蘭姆之杯也。此書之繙譯本現在柏林士俗博物館中，凡見其實物者，無論何人，均能喚起其與中國之爵與杯有類似之注意。

此黃金杯類似梧桐花之舟形器體，一方稍廣，近於爵之「流」，他端則似尖銳之「尾」。惟此處在中央之兩側有豎立之環耳，藉以代兩柱。英譯本對於此杯之註中，根據 J. W. Lockhart, 之報告，圖示其類似中國之爵形，甚可感服。（但氏所藏之爵，乃後世所作，非純正之形，而其淺形之器，卻酷似特羅耶之發見品）又休利曼氏關於右述之黃金杯的飲法，據 Stephanos Kumanudes 教授之言曰：「斟酒後，先由小口一方飲，次給客人由大口一方飲。」另一說：「持兩方之把手，由一方之口注鬯酒，用他方之口飲酒。」其註記如次。Schliemann 前書，三二六頁。

關於此飲法之說，因一方之「尾」尖銳，不若特羅耶杯之平坦之中國爵，欲採用此飲法，甚困難。總之此特羅耶之黃金杯與中國銅爵之類似，不僅不得否認，且與次述之中國耳杯之親緣，亦得承認之。惟余以今日僅此一例，實無斷定中國爵起源於西方之勇氣也。不若謂爲此係偶然的一致，將來當綜合多種資料考察之，始敢斷言。

在今日中國之銅爵，僅認有周代之器物，而不見殷代銅器之遺品。且於秦漢以後所行之爵與斝因乏證據，故先認定爵形之飲器盛行於周代。然自周以後究以何物爲飲酒器？可由彼樂浪之漢墓或在遼東屢屢出土之遺物推斷之，⑧即附有兩耳之杯也。蓋吾人所見漢時之酒器，主以杯代爵也。（惟酒器以外，並有盛食物之小皿。）

關於杯之研究，原田淑人君曾於民族誌第二卷第六號上敍述之，茲爲避免重複計，其形淺而橢圓，兩側有長而平之耳，附於水平。至於漆器之杯，通常外部爲黑漆，內部塗朱色，在遼東古墳等處所見之許多瓦製明器亦爲同一步調之彩色。又其兩耳，附有金銅之具，所謂「黃耳」者也。器上施以漆畫之裝飾花紋，並有刻銘者。按此漆杯最壯麗之遺物，由朝鮮樂浪古墳中發見甚多，茲無更加詳述之必要。

然此盛行於漢代之耳杯器形，並非至漢代突然發生者。其於秦代已有之，證之細川侯所藏有秦代銘文之銀杯，可得想像之。（周漢遺寶圖版第四十三）且不必定是漆器，用其他材料製作者，除銀器之外，有銅器，玉器，陶器，木器等，⑨此可推知。至於瓦製者，則不供實用，多爲陪葬之明器也。

然則更論秦以前之周代，杯之器形是否存在一層，不幸吾人不能以考古學的證據證實之，僅於前已引用之禮記明堂位中有：「爵，夏后氏以琖，殷以斝，周以爵。」之句，又前漢桓寬鹽鐵論卷六：「古曰汙尊抔飲，蓋無爵觴樽俎，及其後庶人器用，卽竹柳陶匏而已，惟瑚璉觴豆，而後雕文彤漆，今富者銀口黃耳，金罍玉鍾。」云云，簡潔敍述器用發達之變遷，亦言古無爵器等，推想僅有竹柳陶匏等器之存在，實饒興味，至實際由理論上或土俗學上之事實想像，大體經過如右述之發達順序，當無錯誤。

杯字有寫作桮者，見樂浪漆杯之銘中（關野博士「樂浪郡時代之遺跡」第九號墳出土品），方言言：「秦晉之郊謂之盃，由關而東趙魏之間則稱椷或盞。」雖舉各種稱呼，惟其本字則爲桮，蓋以木質製造而產生之文字也。至琖與盞乃同爲玉製之器，卽由玉杯而生出之字。元來杯爲淺而橢圓形，其起源可由貝殼或瓠匏之類中求之，漢器常有Spoon（匕）匏勺等，⑩就其名稱與器形而觀察，亦知其受匏之暗示而來也。吾儕現今所見之杯，其狀與此匏勺頗有相像之處，蓋古初必使用半個長手之匏，故呈橢圓之器形，此種想像，當無大誤。無論如何，初燒之土器，用爲飲器，甚不適當，至於有橢圓形之土器，除非已能應用陶車而成此，則難以想像也。

在中國古銅器中，爲不可思議之橢圓形者較多。爵與角雖呈是觀，但器體則爲圓形，而觶正爲橢圓。此外如卣之爲橢圓者不少。又如簠或卮皆可列入其中，即似爵而具「鋬」與流之匜亦然。若簠係由籃籠等器所產生，則橢圓決非無理，⑪至如匜却由爵形而出者，亦未可知。總之，此種橢圓之器若認爲至少由周代即已存在時，則杯即非由匏產生，必係感受此等器物之影響也。（尤其是如爵之器體雖實際爲圓形，但計其全體，仍爲橢圓，故不得不謂爲受此酒器之爵形感化也。）凡橢圓之器形如簠時得自由發生於編竹爲器或刳木爲器之間，則橢圓之杯於刳木之器進行時逐漸固定，亦未可知。

杯器基本形質之一的橢圓，其解釋如右所述。其次亦爲其特徵之一，即器體兩側之水平的弧形耳也。此種水平耳頗似帆立貝之殼或匏之斷片，總之，以此作木器爲最合，日本之木杓子即可爲證。因之，漆器先作木心，乃最適合之器也。凡此不過爲余個人之推測，惟至今日有無其他適切之說明，殊不敢知。

杯除利用天然物或若干加工外，可不經土器之階段，即直接能以玉、金屬、木、漆、等製之。尤其是爵，爲祭祀禮儀之器，如此重而且厚之銅器發達以後，用爲實際之飲酒器，全不適用，不能不代以輕快之杯矣。總難想像周代人於儀禮以外實際僅以銅爵爲飲器。現雖不存周代如杯之器形，然一方使用觶觚之類，因此可知其時之杯，或用木質，果殼等有腐朽性之材料以製之也。

前述秦之銀杯，或設想漢之玉杯，雖不苦其重，然如遺物中最多之漆杯，其形如匏，最接近本質的，且最輕快，無破碎之恐，對於口亦非常配合，眞絕好之品也。至其時漢代髹漆技術之進步發達，而有此成績，固不待言。凡貴重之杯（金屬製者爲例外）大抵常用此質材，且附有種種彫畫及鍍金之金具爲耳緣。

對於杯之形式，是否受西方器形之影響？漢代之器，大多滿溢清新之氣，與一向古典之中國趣味不同，因此學者常多以之歸於西方之影響。著者現在關於此杯雖缺乏討論的材料，惟對於確由獸角發生之爵形，係在北方的寒地，而杯則起源於南方和暖地帶，至少，漆器發達的髹漆技術，當在南方，試觀樂浪漆杯之記銘，刻有蜀地工人之名，即其明證也。⑫

關於以上所敍爵與杯之器形，要約言之，此兩者實有相互之融合，元來，一則發生於北方寒地之遊牧民族的獸角系統，他則大有南方和暖地帶之色彩。因漢代南方文化之擡頭，於是以杯代中國固有的古典之爵，遂至盛行。彼嚴肅古典的祭器之周代銅器，洎乎漢代，大部份潛銷其影，而代以清新現代的（在當時）豐富日常生活之器什，此重要性之現象，杯與奩及鏡同認爲有趣者也。周代之銅爵與漢代之漆杯，各爲當時飲器之代表者，洎乎唐代，附以釉藥而眞正陶器始發達——其杯亦適宜於口——大多爲陶杯，亦有銀與瑠璃者。其形不僅橢圓，有各種之形式，更有承以琖托，形如圓玻璃杯（Copo）者，恐係西方所影響，以時代之好尙，及材料之變遷與文化全體之變動相伴，不得不使人深感興趣也。

〔註〕

❶爵者，據說文。「爵，禮器也；夺象雀之形，中有鬯酒，又持之也，所以飲器象爵者，取其鳴節節足足也。」又博古圖爵總說中：「爵則又取其雀之象，蓋爵之字通於雀。雀，小者之道，下順而上逆也，俛而啄，抑而四顧，其慮患也。今考諸爵，後若尾，足修而銳，形若戈然，兩柱爲耳。」云云。銘在鋬內，亦有素紋者，惟花紋以附於體之四周者爲多。又關於爵之異形者，在第九圖中，示其若干。

❷關於斝，羅振玉氏於殷虛書契考釋下殷墟卜辭中以[illegible]比定爲斝字，其言上部象柱，下部象足。而許愼於定斝字之際，以[illegible]誤爲[illegible]，古來斝與散同，因散之古字爲[illegible]，與卜辭之斝相似，故誤解。王國維古禮記略說贊其說，謂角與爵古同音，爲獸角系統中飲酒器之總名。

❸關於觚、觶等器今省略說明，有容庚氏之殷周禮樂器考略（燕京學報第一期）中之圖說，最便於參考。馬衡氏中國金石學概要（稿本），亦可推稱也。

❹此蒙古之獸角器，據水野淸一君之意見爲獸飲藥之器也。

❺李濟氏俯身葬（安陽發掘報告第三期）由殷墟掘得銅爵及瓦製之爵形品。第三圖之爵形演化圖，爲著者集合該報告圖版十三、十四而成。又此種同類之爵形土器，載於羅振玉氏古明器圖錄之陶斝中。

❻Munsterberg, Chinesische Kunstgeschichte, Bd. I; Osvald Siren, A History of Farly Chinese Art. Vol. I.

❼在周禮考工記梓人一條中：「梓人爲飲器，勺一升，爵一升，觚三升。（中略）凡試梓飲器，鄉衡而實不

盡，梓師罪之。」又程瑤田通藝錄考古小記述爵曰：「鄉衡者，飲酒之禮，必頭容直也。經立之容，固頤正視，則不能昂其首矣。今余試舉是爵飲之爵之兩柱，適至於眉，首不昂而實自盡。衡指眉言，兩柱鄉之，故得謂之鄉衡也。」云云。

⑧關於朝鮮樂浪古墳發見之漆杯，見於關野博士等樂浪郡時代之遺蹟及原田淑人氏等樂浪；又關於南滿洲漢墓之漆杯及瓦杯，見於濱田南滿洲考古學的研究（東洋學報第三卷第一號）等。

⑨細川護立侯所藏銀製耳杯二箇，記於周漢遺寶（東京帝室博物館發行。）玉杯一器，則揭於考古圖下卷。Stein 氏在新疆省燉煌發見之木漆杯，參照 Stein, Serindia, Pl. I. II。並請一觀濱田之 Stein 氏發掘品過眼錄（東洋學報第八卷第一號），銅杯爲樂浪出土品，有魚文，橋都氏所藏。（周漢遺寶圖版四九(3)）

⑩匏勺與前舉細川侯之銀製耳杯同時發見，想爲秦代銀製物。（周漢遺寶圖版四三(1)(2)）漢代之土製明器爲數甚多，茲圖中所示者，爲歐謨爾福蒲洛斯氏所藏。（同氏藏陶目錄）

⑪上古編竹器之工 Basckerty 其器爲圓形之底，但亦容易轉變爲橢圓形等。

⑫原田氏等樂浪王旰墓出土建武二十一年漆杯銘。

三 秦之金人

原田淑人

秦始皇二十六年以沒收全國之兵器爲材料鑄造鐘鐻金人十二一事，爲歷史上有名之傳說。惟金人及其物之形體與鐘鐻等問題，就史記始皇本紀及其他有關係之史册考究之所得結果，俱覺曖昧不明。其疑問有三：（一）金人與鐘鐻有無關係？（二）金人與鐘鐻合爲十二乎？（三）抑各爲十二乎？據藤田博士以各書記載比較對照之結果，判定金人卽鐘鐻，二者同爲一物。❶史記始皇帝本紀之「鐘鐻金人十二」一語，應作「鐘鐻之金人十二」解，例如魏志董卓傳之「銅人鐘鐻」一語，卽「銅人之鐘鐻」也。然則以藤田氏之主張解釋班固之西都賦中「列鐘虡於中庭，立金人於端闈」二語，則發生困難。且以之說明白鳥博士所引用之楊雄甘泉賦之「金人仡仡其承鐘虡」等句，❷亦難符合。然著者亦非全然否認藤田氏之推論，不過稍異其見解耳。蓋金人及其物之形體與鐘鐻之併合等問題，應由考古學的見地研究之，各書册中之曖昧疑點，毋寧謂爲當然之理由，否則何勞吾輩窮究旁證哉。

吾人在推想金人之形體以前，先論鐻之爲何物。關於鐻字之問題，藤田博士已有極精博之考證。❸按鐻與「虡」「簴」同，至其解說，如詩經大雅靈臺篇毛傳中之：「植者曰虡，橫者曰栒，」又鄭箋中之：「虡也栒也所以懸鐘鼓也。」蓋虡爲縱立之柱，栒則架其上而爲懸掛鐘鼓之橫木也。虡原爲木製，至始皇帝改爲銅製，其事甚確切，證之賈誼之過秦論：「銷鋒鑄鐻」一語即知吾人對於藤田氏之鐘鐻考證，不持異議。惟鐘鐻即金人一說，恰合金人爲樹立的一種柱而運行其職分者。在此復有參閱周禮考工記並說文等重要史冊材料之必要。據周禮冬官考工記梓人爲筍虡之條：

厚脣弇口出目，短耳，大胸，耀後，大體，短脰，若是者謂之臝屬。恆有力而不能走。其聲大而宏，有力而不能走，則於任重宜。大聲而宏，則於鐘宜。若是者以爲鐘虡，是故擊其所縣而由其虡鳴。

可知鐘虡下附一種厚脣闊口突目短耳大胸耀後大體短脰之臝屬獸。按臝屬獸據周禮地官大司徒條之疏解爲「臝物，虎豹貔貅之屬，淺毛者，」由此推想其爲一種猛獸。而鐘虡之猛獸，係用以爲其跗座者，據說文卷九虡條即能窺知其概：

虡鐘鼓之柎也，飾為猛獸，從虍異象形其下足。

由此可知栒虡為鐘鼓之架，其下足飾猛獸之象者。故張衡之西京賦中有曰：「猛虡趪趪，」漢書郊祀志唐之顏師古註曰：「虡神獸名也。懸鐘之木，刻佈為之，因名為虡也」者是也。漢朝栒虡之實體形態，不僅史册之記載如此，即由考古學上推斷，亦能徵得之。在今山東省殘存之所謂畫象石，上刻懸掛大鼓之栒虡狀態者不少。其跗座刻有蹲踞猛獸形體一具，亦與說文中言其足下飾有猛獸之象相符合。（參看第一圖漢畫象石鼙鼓圖）以意度之，其懸掛鐘鼓之柱為虡（鐻），而柱基則刻有猛獸之形象，所謂虡者，即指稱此柱與跗座之獸形者也。證之前述西京賦「猛虡趪趪」一語可知，依此理想推論秦代鐘鐻金人，鐻因為懸掛鐘之架柱，殆無疑義，而金人乃跗座之猛獸形象運行同一之職分者。惟猛獸形象，其背上穿孔，用以插納虡柱，試看漢代瓦製明器中，往往有供給此種用途之猛獸形象。例如第二圖所示之瓦製猛獸象，其背部有孔，即藉以插柱者，但在金人則不然，並無背部穿孔插納虡柱之裝置，虡下復有各個簡單之臺脚以承金人。此問題暫由後文詳述，茲先考察關於鐘鐻金人之文獻。設若金人為鐘鼓架臺之跗座，則史記始皇帝本紀中「銷以為鐘鐻金人十二」一語，縱令鐘鐻之數不明，亦可視足鑄造附屬鐘鐻以外之金人十二解。至賈誼之過秦論中「銷鋒鑄鐻以爲金人十二」等句，自亦不外鎔化兵器鑄造鐘鐻及其跗座金人之意。又如魏志董卓傳中「椎破銅人鐘鐻及壞五銖錢，更鑄爲小錢」等語，係引據史記正義之「椎破銅人十及鐘鐻，以鑄小錢」者，文中「及」字之位置雖有變動，但問題則一。若是解釋，則班固之西都賦與楊雄之甘泉賦中所論，亦無何等矛盾。且金人爲鐘虡之跗座，可看作虡之一部份，故史記之太史公自序傳及漢書之賈山傳、嚴安傳等，僅言鑄造鐘鐻而不及金人者，初不足怪。夫若是解釋，則各書中之疑點，皆得豁然明瞭。即藤田博士主張金人即鐘鐻之說，亦無全部否認之必要。以下再推究金人及其物之形體。

查秦始皇所鑄之金人與匈奴休屠王之金人均非佛像一點，先輩業已論證甚詳，著者別無意見，不必再行敍述。然則金人雖非佛像，果具如何之形體，是不得不一言。據白鳥博士之見解，楊雄甘泉賦中之金人，並匈奴休屠王之金人，與秦始皇之金人，其製造之意匠相同。[4]白鳥氏此言，在推想秦代金人形體上，實放一大光明。甘泉賦之「金人仡仡，其承鐘虡兮，嵌巖巖其龍鱗」者，據文選之

註：「濟曰佗壯勇兒言壯勇之金人，飾以龍文，令負鐘虡」者髣髴言其相貌壯勇，全身裝飾一種鱗文。但註中解作金人背負鐘鐻一點，據白鳥氏之主張，⑤所謂「承」者應作兩手捧物解釋，故「承鐘虡」一語，係兩手捧舉鐘虡之謂。前已言之，金人爲鐘虡之跗座，與其他猛獸形之職分相同，故金人必與猛獸形同樣保持安定之體勢。茲可引據史實證明之。前漢書王莽傳地皇二年之記事：

莽夢長樂宮銅人五枚起立，莽惡之，念銅人銘有皇帝初兼天下之文，卽使尙方工鐫滅所夢銅人膺文。

由文面推斷可知，始皇帝之金人係取踞坐之體勢者。蓋所謂「起立」二字必原爲踞坐而突然起立，在此遂發生不吉或無意義等見解。其次關於金人之相貌，已如前述爲髣髴壯勇之體勢，茲復見及其他推測金人狀態之史實，例如前漢書五行志中之記載：

秦始皇二十六年，有大人長五丈，足履六尺，皆夷狄服，凡十二人，見於臨洮。天戒若曰：勿大爲夷狄之行，將受其禍。是歲始皇初幷六國，反喜以爲瑞，銷天下兵器，作金人十二以象之。遂自賢聖，燔詩書，坑儒士，奢淫暴虐，務欲廣地，南戍五嶺，北築長城，以備胡越。塹山塡谷，西起臨洮，東至遼東，徑數千里。故大人見於臨洮，明禍亂之起，後十四年而秦亡。

在酈道元之水經注中亦有相同之記載，惟據藤田博士言，❻此爲漢代五行家間附會之說，不足置信。著者以爲此說縱令附會，尙有不得抛棄一顧之價値，蓋由此可以窺知秦之金人係夷狄服式，最低限度，決非漢人常用之服裝形式。在魏志與水經注引用晉習鑿齒之漢楚春秋中，稱始皇帝之金人爲金狄，其根源雖與五行志相同，而金人服裝要與夷狄相類者。然則不問其爲漢之班固與晉之習鑿齒，要皆爲始皇帝之金人殘存時代之人物，直接間接而深知金人之形體者也。若當時金人與中國人同一之服裝，則不致發生此類傳說，亦不致爲班固習鑿齒等筆之於書。按夷狄服裝❼最顯著之特徵，爲窄袖之衣而穿袴，以與披寬袖衣曳裳之漢服比較，自易惹起彼等奇異之觀感。若金人亦爲漢人服裝，當不致有此種傳說。蓋五行家等作出此種附會之記載，其服裝之不同，實爲主要原因之一。由以上文獻中之記錄，推想金人之形體，概括條舉如下：

1，金人爲鐘鐻之跗座。

2，金人乃踞坐者。

3，金人以兩手捧舉鐘鐻者。

4，金人具備勇壯之狀貌而身刻鱗文者。

5，金人着類於夷狄之服裝者。

以下主由考古學的資料推想金人形態而與此對照之。

藤田博士言⑧中國銅鑄物像之歷史，由史册考究之，春秋戰國時代已有。國語越語中記越王勾踐以良金⑨鑄造范蠡之像，賈誼新書春秋通語中亦載楚懷王以金⑩鑄造諸侯人君之像。此種酷肖實在人物之銅像現無殘存者，故難確切推定。所可斷言者，其與金人必稍異其趣。假令當時非寫生的，而穿着衣裝則可斷言也。惟始皇帝之金人，由前述各記載觀之，實具極奇怪超人物的形態。玆進而搜索與此種金人髣髴之遺像考說，固爲吾輩之責任也。

（A）住友男爵家藏銅大鼓之圖紋　鼉鼓卽以鱷皮張面之大鼓，鼓腰兩側附飾一種奇怪人物如第三圖⑪此奇怪人物爲踞坐姿勢而高舉兩手，全身刻有雷紋。

（B）河南省安陽縣殷墟發見白色土器之圖紋　由殷墟掘出之龜版獸骨及種種遺物，究覺何物與何物爲共存一時代者，頗不明瞭，惟各別考察之，能推定各遺物大體之年代。此白色土器，中國考古學者李濟氏亦掘得同種之物，⑫可察知其實由殷墟出土者，但就其雷紋觀看，似與所謂三代銅器有關，最少亦非周末以降之物。此白色土器之圖紋，如第四圖所示，刻有一種奇怪之形像，且均取踞坐與舉手之姿勢。

以上述（A）（B）兩例比較之，兩者共具奇怪之體貌，驟觀之，不知其爲人形與獸類，幾無從甄別，由此可以推知其與三代銅器普通之饕餮紋有關。因饕餮紋與夔龍紋左右對置，逐漸變化，使夔龍體軀次第退化消滅而成一種前嚮的獸面，此類意匠雖可視爲化成全獸面之時代，但如此奇怪形像要爲饕餮紋之一變體也。此種推斷恰與濱田博士以饕餮紋由人面轉化之說相反。⑭因此推想此種奇怪形像之附飾遺物，爲中國青銅器時代末期（卽春秋戰國時）之製作也。設若此推想無誤，則秦代金人之選擇此類奇像亦不得謂之不當。前述銅鼓之奇怪形像刻有全身之雷紋，若與銅器圖紋之夔龍體的雷紋相同，則與金人之龍鱗，初無何等差異。惟觀此鼓之怪像頭生角如牛，此點大約如白鳥博士之主張，⑮中國人想像神仙爲人身牛首或蛇身人首等奇異形體，蓋戰國時已如此，此鼓奇怪形像亦可視作春秋戰國時之一種意匠也。茲由前揭各書所論推想金人形態爲：

1，踞坐　2，兩手高舉　3，全身有龍鱗　4，面貌奇怪　5，不着漢服

惟對於此種附飾之怪像，立在鼓腰兩側，與鐘懸掛於栒虡相同之一點，似不得視爲偶然之意匠。著者由原來作鐘鼓架臺下跗座怪像一轉而認爲鼓腰之圖紋。若金人是舉兩手以捧承鐘虡者，則虡下必有其他簡單之臺脚以支持金人。在此應考慮者，栒虡如漢代畫石像中所見，虡爲一根（恐其上部爲前彎形）而栒則架其端，或如三禮圖之畫像，然用虡二根以栒支持之，二者孰是，未敢遽下斷語。若爲前者，則一金人捧舉一鐘鐻，如爲後者，則二金人捧舉一鐘鐻。惟就漢之畫象石觀，當爲確實參考之資料，其構造恐係承襲秦代以來者，故著者姑假定爲一金人捧舉一鐘鐻。其次再例舉類此之小號銅質怪像二三，以供參考。

（C）河南省新鄭縣發見之豐座獸　在同一地點發見多種銅器及貝類等遺物⑯中，有一角髯具備兩手高舉之豐座。細觀此器，大約爲春秋時代之物。（第五圖新鄭縣出土之豐座）

（D）中國出土之小銅像　在西泠（O. Siren）氏之圖册⑰中見及容貌奇怪之立體人

像。如與（C）項所述獸形比較，認定其製作手法有相關處。（第六圖中國出土之古銅像）他若住友男爵家藏之乳虎卣（第七圖），係取一獸形抱一人物之意匠，豈反映時代的趨向歟？⑱

（E）中國出土之車軸楔金具　此種車軸之楔金具上，加飾獸形與人物者不少。第八圖爲北美弗利亞美術館所藏，⑲卽其一例。觀其相貌風俗，不似漢民族，諒亦爲春秋戰國時之物。根據此類銅像推想奇怪之獸形與人物之表現，要皆春秋戰國時代之一種意匠也。著者最後再舉一個類例，以供參考。

（F）河南省安陽縣殷墟發見之石像　李濟氏於前年發掘殷墟時⑳得一踞坐而兩手抱腿之石像。不幸缺其首部，現存者僅高七寸餘。全身銘刻如雷紋。此石像最饒興味者爲其背部之直槽，（第九圖）據李濟氏之言，此石像之用途爲柱礎。此種意匠，亦與金人之爲鐘鐻跗座一脈相通。李濟氏之推定此石像爲殷代物，是否暫置勿論，惟就製造手法觀，當非戰國以後之物。

綜合以上列舉之考古學的資料，使用此種奇怪之獸形與人像作爲某物之礎座，實爲春秋戰國時代之一種意匠。其後由獸形與人像之饕餮圖紋而潛化變爲立體形狀，以金人爲鐘鐻之跗座，雖不得謂爲秦代始皇帝所首創，或偶因秦代金人之偉大而傳於史册者乎？

用此類奇怪之獸形與人像爲礎座，其自然的發生，當認爲中國人之意匠，惟查外國情調顯著表現於中國文化者，由周末時起已有之。故秦代金人如夷狄狀態者，或出於中國人以夷狄視作禽獸之自負心，致有與獸形相同之意匠，或出拜求神仙於海外異域之思想，以神仙比擬夷狄之形體，例如人身牛首或蛇身人首等等特異形體之錯綜交雜，亦未可知。總而言之，此問題複雜異常，未敢輕下斷語。惟對於金人之爲鐘鐻之跗座一點，認爲中國人之意匠，決無訛誤。前已言及，中國常用如漢代畫象石中之獸形與人像彫刻在房屋之建築物上（第十圖武氏前石室畫像石宮殿圖之一部）或以此種與希臘羅馬之人像柱（Caryatid）有關係，㉑惟在著者仍信前述之意匠的傳統說。要之使用奇怪之獸形與人像爲礎座，乃周末以來中國人常行的一種意匠，縱會附隨種種其他思想，㉒然根本意匠爲極原始的，當無疑問之餘地。

〔註〕

❶藤田博士著鐘鑢金人載狩野教授還曆紀念中國學論叢 p. 2–4.

❷白鳥博士著匈奴休屠王之領域與其祭天之金人，載三宅博士古稀祝賀紀念論文集，P. 29.

❸藤田博士所著（同前） p. 2.

❹白鳥博士所著（同前）p.29–34.

❺同上❹ p. 32.

❻藤田博士所著（同前） p. 6.

❼王國維著胡服考，載觀堂集林。

❽藤田博士所著（同前） p. 5.

❾先秦書籍中之所謂金，均係指稱銅或青銅者。閱者可參看拙著中國鐵刀劍考，載東洋學報第四卷第二號。

⑩同上⑨

⑪泉屋清賞著彝器部解說。

⑫根據李濟氏之面告。

⑬ O. Siren: Histoire des Aits Anciens de la Chine. I. 又關於殷墟出土之白色土器，梅原末治氏有精細之研究，近由東方文化學院京都研究所刊行。

⑭濱田博士著中國古銅器研究之新資料，載東亞考古學研究p. 115-116.

⑮白鳥博士所著（同前）p. 23,

⑯新鄭縣出土之遺物，載新鄭古器圖錄。

⑰根據前⑬ O. Siren 氏圖錄。

⑱同⑪

⑲同⑰

⑳安陽發掘報告第二期 p. 249-250.

㉑伊東博士雖非別認有其他關係，然有兩者類似的興味。伊東著中國建築史（東洋史講座分册第十一卷）

㉒白鳥博士比擬金人十二爲天上紫微宮守護之十二星。白鳥所著（同前）p.37-39.

四 木難珠與如意珠

白鳥庫吉

一 大秦之木難珠

在西域產生之珠玉中有稱爲木難之寶石者惹起泰西人士之注意，其在隋唐時代，指 Roman orient 爲拂菻國產物之一，曾記入唐書（卷二二一下）西域傳中。此書固爲宋歐陽修等所編纂綴錄唐一代之事蹟，故彼拂菻傳中之木難珠，當亦爲其時中國人見聞所及之一也。然此寶石之名，不見於五代劉昫等所撰舊唐書（卷一九八）之拂菻傳，而顯現於唐杜佑所編纂通典（卷一九五）之大秦國一項中。其記曰：「又有木難，金翅鳥口中結沫所成碧色珠也。土人珍之。」然則，拂菻與大秦若爲同時所指之同一國名，則無何等疑義存於其間，惟苟此二稱在時代或地域上，其所指有差異，則與其以木難珠爲拂菻國所產，不若謂爲大秦國所產，較爲妥當。據余甞研究所得，由後漢初期至東晉末葉，中國人以位於西域極西方之 Roman orient 稱以大秦之漢名，其中心在 Egypt 之 Alexandria 市。然洎乎南北朝，大秦國即成爲一種仙鄉，即其方位亦皆曖昧不明矣。若再與彼處開始交通，其本名之 Frōm 乃始明確。在南北朝文籍中，記作普嵐伏盧尼泛懍弗林等，並無一定之譯名，惟在隋唐時代，則專書拂菻。而此國之中心爲 Syria 之 Antiochia 市。若是，則大秦與拂菻，一時可視作二國，惟唐代之學者，案照漢魏之史乘，推定古之大秦國不外即當時之拂菻國也。本此意見，乃於玄宗天寶四年，遂公然採用之。然則在宋歐陽修等編纂唐書之際，立拂菻國傳；見通典之大秦國，有所謂木難之碧珠，爲土人所珍重之記載；此殆編者順從當時傳說，以大秦與拂菻想作同一國家，故於列舉拂菻國之產物時，大秦國之木難珠列入其間。首先如是觀察，以了解唐書木難珠之由來，惟通典對此寶珠之記載，果爲根據何時見聞之知識？且出於何書？此書在編纂時，一般相信大秦國即拂菻國，故想像此書所云木難之記事，爲天寶四年以後所得之知識，且係採引以 Roman orient 專呼爲大秦國時所著之書籍。要之，欲決定此問題，必先就通典大秦傳之內容分析解釋之。

據余輩考究通典大秦國之記載，編者作此篇時使用之材料有二種。其一從魏略西戎傳與後漢書晉書魏書等西域傳中所見之大秦國，編者酌採其文句而妥善綴合之；另一爲轉載散見諸書關於大秦國之零碎記事。屬於後一項者有五，其出典大都爲追跡。第一：所謂寶爲猛獸之說，此由爾雅釋獸釁下晉郭璞之註取入；第二由土中自然發生之羊羔，此係轉載宋膺異物志之文。所謂宋膺者，不見傳載，一說宋膺二字爲朱應之誤。朱應爲三國時代人物，若此說無誤，則異物志之編纂當在此時。第三爲採取珊瑚之說，此爲晉郭氏玄中記之敷衍文；第四：爲眩術之說，惟不見其出處。第五爲木難珠，惟此與晉沈懷遠之南越志所載：「木難金翅鳥口結沫所成碧色珠也，大秦土人珍之。」通典之記事不過依樣轉載其原文而已。然則通典由諸書蒐集五項之事實中，四項係屬南北朝以前專呼 Roman orient 爲大秦者，則關於眩術之事實，當亦採自該時所著書籍無疑。果若是，在通典之大秦傳中，得斷定其不含知 Roman orient 爲 From 譯名之事實，因此由嚴格的意義以言木難珠，實爲大秦國之寶石，非稱拂菻國之產物也。

關於通典所見木難珠之記事，爲取自東晉之南越志者，惟更進一步研究此寶石之歷史時，其傳知於中國人間，想在東晉以前。至其證據：魏曹子建所作樂府詩四首之一美女篇中，有：「明珠交玉體。珊瑚間木難。」之對句。子建乃曹操子，名植，文才富艷，推稱建安七才子之一，歿於明帝太和六年。觀其詩中有木難之名，則此寶石至少在三世紀時，中國人間已廣知之矣。木難爲寶石之種類，案此詩所載，當能察知，惟其果屬何種？且產於何國？此層由文面固無從推知。然於晉郭氏之玄中記內，言：「木難出大秦。」且前引之南越志，亦言：「大秦土人珍之。」則此寶石之產地，確爲大秦無疑矣。根據南越志，木難珠爲碧色，但在晉崔豹之古今註中，言：「莫難一名木難。其色黃。」又見其同時之郭義恭廣志，載：「莫難其色黃，出東夷。」兩者均稱木難在寶石之中，其色黃，產東夷，而南越志則言其色碧綠，出於大秦國。在本草綱目（卷八）寶石之記載中，列舉各種寶石，就中亦言：「黃者名木難。」由此可知明人之所謂木難珠，亦爲黃色，與古今註廣志所記者，爲同一種類。又梁簡文帝所撰之南郊頌中，有：「蒲萄金橘。靈壽木難。素奈開暑。貞檜凌寒。」之文句，此中亦見木難之名。此木難之所謂暑中開者，（譯者按：白鳥讀木難素奈開暑六字爲一句，甚謬。）因與貞檜凌寒氣爲對句，此爲夏期開花之樹木名稱，不得視作珠玉之木難也。

關於木難屬於珠玉有黃碧二色，已如上述。惟成爲本論之問題者，爲大秦國所產碧綠色之木難珠也。西洋人最初介紹此寶石於學界者爲 Visdelou 氏，言此由某種鳥嘴流出之香水所凝結。(Bibliotheque orientale, Vol. iv. p. 400.) 此殆以通典之木難珠記事，轉載於其時西洋人所好參考之文獻通考中，當爲一種不完全之翻譯。依此譯文，固難正確考定木難珠也。他如精通漢文之 Hirth 氏，雖不愧爲正確翻譯文獻通考者，然對此珠寶，不見任何詳細解釋，僅註曰：「此爲眞珠之一種。」(China and the Roman orient p. 59, note 1.) 至於 Laufer 氏解釋此寶石，雖列舉中國文獻甚多，然究屬何石？亦未述其個人意見。(The Diamond, p. 70, note 3.) 至中國學者中，甚鮮有對此寶石精密考察者。所言大率爲一種臨時想像，迄未見斷言應取何說。然洎至近頃，有學者章鴻釗著石雅一書，其中論及木難珠，考定其爲琉璃卽 Aquamarine，（卷上，三三頁。）其議論方觸及本問題之核心焉。茲引用其說如左，然後詳細批判之：

若夫木難，升庵外集謂碧色者，卽祖母綠；方氏物理小識謂黃鴉琥卽木難，於今考之，玄中記謂大秦出木難，唐書謂拂菻國多木難，拂菻卽古大秦也。南越志亦曰：木難金翅鳥口結沫所成碧色珠也，大秦土人珍之。乃崔豹古今注，郭義恭廣志，均云色黃出東夷，而字亦或作莫難，古今註莫難一名木難。佩文韻府，卷七，引廣志亦作莫難。疑本非一物。其出大秦者，當與琉璃爲近，蓋一切經音義謂琉璃爲金翅鳥卵殼；南越志謂木難金翅鳥口結沫所成，則二者之淵源自同。且自後漢書以下，皆稱大秦土產有琉璃，而唐書拂菻國傳但言木難，不及琉璃，愈疑木難卽琉璃也。其稱碧色珠者，亦猶言琉璃珠耳。

據章氏所論，考定木難爲琉璃之理由有二。一爲南越志中言木難爲金翼鳥口沫所凝結，又於一切經音義中有琉璃爲金翅鳥所卵殼，因此，木難與琉璃皆與金翅鳥有關係；另一爲後漢書以及歷代正史之大秦傳中舉述其國產物時，必及琉璃。然唐書拂菻傳卽古之大秦國之傳記中，則僅記木難，當爲琉璃之省略也。是以畢竟木難卽琉璃。按金翅鳥附緣於琉璃之傳說，不獨載於一切經音義中，且復有其他例證可尋。例如：增一阿含經傳記金翅鳥常食龍，其心臟爲琉璃。此傳說與余輩後之論證有關，故特引用其記事如左：

又日別食一大龍王五百小龍，達四天下，周而復始，次第食之。命欲絕時，諸龍吐毒，不復能食。飢火所燒，聳翅直下，至風輪際，爲風所吹，還復上來。往還七返，無留停足，遂至金剛輪山頂上命終。以食諸龍，身肉毒氣，發火自焚，難陀龍王恐燒寶山，降雨滅火，滯如車軸，身肉消散，唯有心在，大如人髀，純青琉璃也。輪王得之，用爲珠寶，帝釋得之，爲髻中珠。

琉璃爲梵語在佛典中名稱甚多。例如吠瑠璃，吠瑠璃耶，毘瑠璃等此乃全譯，而琉璃，瑠璃，爲略譯，率皆原語 Velurilya 之對音也。又以此爲鞞頭梨，鞞稠利夜，吠努璃野者，乃梵語 Vaiduriya 之對音，皆指英語之 beryl 即 Aquamarine 者也。此寶石在現今新世界之 Brazil，歐洲 Saxony，亞細亞 Ural, Altai, 等山脈中，與 Burma，雖均生產，然在古代，僅印度爲此寶石唯一產地，而由此向外輸出者也。因此琉璃爲印度古來七寶之一，異常爲人所珍重，於是自然所趨，與金翅鳥傳說相構結，而成一種材料矣。

南越志中以木難珠爲自金翅鳥口邊流出之涎沫所凝結者，而一切經音義中言琉璃爲金翅鳥所卵殼，又增一阿含經則言瑠璃爲此鳥心臟，因其所言互相類似，故章氏以大秦國之木難珠，推定即爲印度之琉璃珠也。此說最應傾聽者，爲佛典中所見之傳說中，其與金翅鳥有關係之寶珠，未必限定琉璃一項。余輩於琉璃之外，復能舉出與此神鳥有關係之其他寶珠。其於翻譯名義集（第八）摩羅伽陀珠一條下有如次：「大論云此珠金翅鳥口邊出綠色，能辟一切毒。」一節文句。觀玄應音義（第二二）則謂：「末羅羯多亦云磨羅伽多。綠色寶也。」按此末羅羯多，磨羅伽多皆爲摩羅伽陀之異譯，卽梵語 Marakatah 之對音也。此寶石 Latin 語爲 Smaragdus, Arabia 語爲 Zumurrud，英語爲 Emerald，在國語則爲綠寶石。根據此種佛典中之敍述，金翅鳥於琉璃之外，與摩羅伽陀亦持有關係，故一切經音義與增一阿含經之敍述，取以爲楯，則南越志之木難珠，不得斷定其爲琉璃珠也。試以大智度論所見之摩羅伽陀珠之記事，與南越志所揭木難珠之記事對照比較之，其類似之處，決非偶然，其間具有連絡系統也。既如前述，木難珠爲三國時代中國人間所知之寶石，指其爲大秦國所產，晉代人當亦了解。然謂此寶石係金翅鳥之口沫所凝結一節，乃淵源於智度論等所載之印度傳說也。若是，則南越志中所見之木難珠記事，當時中國人非直接由大秦國得來之見聞，實爲具有佛典知識之中國人在本國所作之話也。此書之著者沈懷遠，對大秦之木難，當知爲印度之摩羅伽陀。相傳沈氏爲晉代人物，惟不知在何王之世，設若此人係參考智度論者，則其年代約可推測。智度論編者，固爲龍樹菩薩，生存於後漢末期至三國初葉，惟漢譯此梵本之鳩摩羅什，乃在東晉元興元年（402 A. D.）至義熙元年（405 A. D.)之間。是以若言沈懷遠氏明瞭摩羅伽陀珠傳說之漢譯智度論時，當在義熙元年至東晉末期，即永初元年(420 A. D.)之間也。

由是言之，南越志之木難與大智度論之摩羅伽陀即今日之綠寶石，若俱相同時，則其餘問題，爲木難一名之語原。就廣志古今志等書所記莫難譯名不一而足，可知其非漢語，多半爲外國語之對音也。其音固與梵語 Mararakatah 不相類似，且與 Arabia 語之 Zumurrud 及 Latin 語之 Smaragdos 不同。然在波斯語稱天樂土，綠寶石俱爲 Mîno. 而古代波斯語之 Avesta 語，稱天，精靈，爲 Mainyu. 其形容詞之形爲 Mainyava（Horn Grundriss Neupersischen Etymologie, No. 1101.）又波斯語呼玻璃，青色，釉藥，天樂土，爲 Mînâ。（Bianchi et Kieffer, Ture-Francais, II. p. 1069，）蓋此語之原形爲 mainyu（adj. mainya-va），本意爲天，惟以天色碧綠，故其後指稱釉藥或綠寶石者。木難一名，若爲莫難，則此二稱，必一時同音相傳。普通木字之古音爲 muk. 惟根據字典言此一音：「末各切音莫」故木難與莫難同音，皆與 Mak-nan 一音相應也。至於難字普通爲 Nan 音，集韻或韻會中爲：「囊何切」正韻爲「奴何切並音儺。」又釋文中爲：「乃多切。」集韻爲：「乃可切音娜。」因此可知難字除 Nan 音之外，復有 na 一音。然則不問其書爲木難或莫難，在魏晉時代要皆視作 Mak-na 之發音無疑，當即新波斯語之 Mînô. 古代波斯語之 mainyu. 或 mainyava 之對音也。漢代之 Egypt 爲綠寶石之有名產地，則木難珠之本國，當爲大秦國，惟此寶石若直接由其處輸入中國，則其名稱當必與 Greek 語或 Latin 語之 Smaragdos 相類似。然木難一名爲 ma（k）na 音，卻與波斯語之 mayny（Va）酷似，由此以觀，或因開拓漢土與西域之交通，而由 Bactriana Sogdiana，等 Iran 民族國家所傳來者。

然則漢史之木難，若爲波斯語 mainya 之對音，則爲梵語之 marakatah. 亦即今日之所謂綠寶石，果然，則章氏以木難爲梵語之琉璃，即今日之 Aquamarine， 其理由已被打破一半。又同氏第二理由，在拂菻國古稱大秦國之傳文中，列舉其國之產物時，必及琉璃，然於唐書之拂菻傳中，則不見琉璃而記木難。以此卽言木難與琉璃爲同物之證據。誠然，唐書之拂菻傳舉述其國物產時，有木難而無琉璃。然在此文之前有：「木精琉璃爲梲」之句，故知此國於木難之外，復有琉璃，分明二物互有區別也。且於通典大秦國一項下，列記此國物產時，舉述琉璃，其後復及木難。以是而觀，則木難與琉璃之爲二物，昭然若揭。更進而考察之，在一般漢籍中雖有琉璃之名稱，然係其書之種類不同，而所指琉璃之寶石亦不一致。例如：一切經音義或增一阿含經等佛典中所見之琉璃，爲 Veluriya 之對音，卽今日之 Aquamarine，惟與歷代之大秦傳或拂菻傳中所載之琉璃，全爲另一物品。在魏略西戎傳大秦國之記載中，列舉該國財貨時，有：「赤白黑綠黃青紺縹紅紫十種琉璃」之句。按 Aquamarine 色彩殆極青，此世之中區別十色，當無 Aquamarine。Hirth 氏以大秦國之琉璃作玻璃解，言爲當然之事。（China and the Roman orient,p. 228.）又晉書（卷九八）之大秦傳有：「琉璃爲牆壁」之文句，再舊唐書（卷一九八）之拂菻傳，亦有：「其宮宇柱櫳多以水精琉璃爲之」之句。用 Aquamarine 建造牆壁柱櫳，終難想像，故在此指琉璃爲玻璃，當無大誤。以琉璃用於玻璃之意義者，不獨大秦國與拂菻國之傳文爲然，其他亦有幾多例證可尋，惟就中最著名者，爲魏書（卷一〇二）之西域傳大月氏國一項中，敍述其製造琉璃之起源如左：

世祖時，其國人商販京師，自云能鑄石爲五色瑠璃。於是採礦山中，於京師鑄之，旣成，光澤美於西方來者。乃詔爲行殿容百餘人，光色映徹，觀者見之，莫不驚駭，以爲神明所作，自此中國瑠璃遂賤，人不復珍之。

此處之所謂瑠璃，卽琉璃，其爲玻璃，已無疑問之餘地。由是而觀，大秦傳或拂菻傳中之琉璃爲玻璃，與一切經音義等所指之琉璃卽 Aquamarine 並不相混。章氏不加辨別，以一切經音義之琉璃，視作大秦傳中之琉璃矣。其論旨根本已誤解，故不得正鵠之結論，乃當然也。

Laufer 氏以見於南越志中之金翅鳥，直譯爲 A bird with golden wings，解作普通之鳥類，可見其未能探明關於木難珠傳說之精神也。按漢籍之所謂金翅鳥，卽梵語 garuda 鳥之譯名。佛典則稱此鳥爲加樓羅，揭路荼，迦留羅，誐嚕拏，迦婁羅，伽樓羅等，要皆 garuda 之譯音也。慧琳音義（第二）曰：「揭路荼正音蘖嚕拏，古云迦婁羅，卽金翅鳥也，或妙翅鳥。」然據印度神話，以迦樓羅想像爲鳥類之王，故於迦樓羅鳥一名之外，復有所謂迦樓羅王者。居須彌山北之大鐵樹上，其翅翼帶金色，兩端距離及三百三十六里，日日迴繞須彌山，飛翔於四海，常與龍鬥，捕而食之。此鬥爭之傳說，由以上引用之增一阿含經文，亦能窺見之。此鳥與中國之鵬，波斯之 Simurgh，阿剌伯之 ʿangk，猶太之 bar yachre，Greek 之 gryps 爲類似之怪鳥，原非現實之鳥也。關於此等怪鳥之起源，學者間意見紛紜，猶無定說。惟余輩以印度之金翅鳥，解作如鷲鷹等鷙鳥之理想化。在印度名龍曰 naga，中國則音譯爲那伽。夫龍不問何國，皆指爲靈獸，惟印度稱蛇亦曰 naga，由此考之，佛典中之龍，想以蛇爲理想化者也。在此，金翅鳥捕龍而食之傳說，普通解釋，卽根據鷙等捉蛇而食之事實。然則金翅鳥一說，何必於龍之外，必以珠相附隨歟？例如：以上引用增一阿含經中所見之此種傳說，以金翅鳥之心臟爲琉璃珠，輪王取之爲寶珠，帝釋得之，藏於髻中爲寶珠。由此考究，關於金翅鳥傳說，劇中之寶珠，應視作具有不劣於龍之重要地位。然此說以如何之事實爲根柢乎？今試而解釋之，當非無益之事也。

根據余輩之考察，關於金翅鳥一傳說，其要素當爲鳥、珠、蛇三種，茲探索類此傳說之廣闊的亞細亞傳說界中，幸有一最適切之一例在焉。其在 Marco Polo 之見聞錄中，有敍述印度 Mutfili 國採取金剛石之記事。（Yule and Cordier, Marco Polo, Vol. II, pp.360-361）茲試譯其文於左：

採掘金剛石者爲此國，余次第試言之。此地有某高山，冬季時節，降猛雨時，水湍激成音而奔流。雨息則山中水流聲絕，土人覓湍激之處，發見甚多之金剛石。此寶石在夏季亦能見於山中，惟以日炎不可耐，欲至其處，殆不可能。不僅此也，且其處不得一滴之水。此等山中復多大蛇，可驚因炎日強烈，故其他蠕蟲類亦夥。凡世間無較蛇再毒者。故至此地，危險殊甚，且已有多人，爲此毒蟲食殺矣。

在此山中，有某大深谷，難至其底。凡往該處採取金剛石者，以所攜之肉，由上面向谷底投擲時，則常食隱於山中之蛇之多數白鷲，見肉飛集，攫往山岩之上，分裂食之。在旁窺探者，見鷲停止時，急舉大聲追逐之。鷲卽驚飛，留肉而去，因此獲得殘肉由谷底粘着之許多金剛石。在此谷奧底，金剛石之多，實難以言表，惟無人能降抵其處者。若欲冒險爲之，則必爲該處羣蛇所食殺。

此處復有用其他方法採取金剛石者。因該地有多數白鷲之巢穴，若往搜索時，於鷲落下之糞屎中，亦有甚夥之金剛石混入。蓋此鳥因噉食投下谷底之肉而使然也。且捕獲此鳥能於其胃中，發見金剛石焉。

此記載若不用心漫然讀之，必以爲當時 Marco Polo 氏去印度時所得之實際土俗，但退而稍加思索，則知此爲一種傳說，Polo 不過綴拾一時之傳聞耳。然則此傳說之構成要素，亦爲鳥與肉與蛇與珠之四者，以之與金翅鳥傳說鳥蛇珠三要素比較時，其所差異者僅肉之一點而已。惟在金翅鳥之傳說中，因以龍爲金翅鳥所食，故龍卽爲蛇，且兼肉之功用焉。苟如是想像之，則 Marco Polo 所語之金剛石記事與佛典中所傳之金翅鳥記事，其根本之組織却互相契合一致也。

蓋與 Marco Polo 之金剛石傳說同種類之傳說，必甚傳播廣闊之西域地方。就中形式酷似者，爲題亞理士多德（Aristotles）之遺書見於九世紀中頃阿剌伯人所書之金石志中。此書於金剛石之記載中，其文約如左述之形態：

除去我弟子亞歷山大（Alexander）以外，無有能往金剛石之山谷者。其地在東方呼羅珊

（Khorasan）之邊界谷底之深，爲目光所不達。亞歷山大（Alexander）雖行至其邊，但因蛇成羣不得進。此山谷中蛇見人卽殺之，故亞歷山大作鏡以之反射於蛇，使蛇自見其形而死。亞歷山大更出一計，以屠剝之羊投入谷底，金剛石遂粘着於肉上。其時鳥取以爲餌，攫其一部分而出，於是兵卒追逐於後，檢拾其落下金剛石。(Laufer, the Diamond, pp. 11, 12.)

此傳說，惹人注意之要素爲鳥蛇肉珠四者，各占其重要位置。由此點觀，實酷似 Marco Polo 之傳說。直可視作此傳說之變態，猶有若干例子，就中年代最古者，見於居伯羅(Syprus)島 Constantia 之僧正 Epiphanes（約 315 至 405A. D.）記述飾於 Jerusalem 高僧之胸板處十二寶石中 hyacinth 之傳說，其文如左：

在大 Scythia 沙漠中有深谷，此谷四周聳繞山岩如壁，由頂顚至谷底，臨之渾沌，如陰鬱之濃霧，難見究竟。承受居住此附近之國王命令往該處採取寶石者，先宰羊，剝去其皮，以之投入渾沌之谷中，於是寶石粘着其肉上。其時迴翔於岸崖之鷲，見肉飛入谷中攫啖而出，寶石爰附肉搬至山上。在此，命宣布死刑之罪人往鷲啣羊肉之處，取其寶石持歸。此等寶石，有種種顏色，皆極珍貴之寶石也。且其有如是之效力焉：如以此石置烈火上，則炭火消失而寶石無損害。此石復有益於婦人之安產，又有辟妖怪之靈驗焉。(Laufer, the Diamond, pp. 8, 9)

此類記事亦散見於中國之文獻上，就中之一，見於梁四公記，所載：

梁天監中，有蜀杰公謁武帝，嘗與諸儒語及方域，西至西海。海中有島，方二百里，島上有大林，林皆寶樹，中有萬餘家，其人皆巧能造寶器，所謂拂林國也。島西北有坑，盤坳深千餘尺，以肉投之，鳥銜寶出，大者重五斤。彼云：是色界天王之寶藏。(圖書集成食貨典三二一 Laufer, Optic, I Lenses, toung pao, Vol. XVI, p. 204, note 1.)

此說之根本，為中國人由西域得來之知識，惟文中有：「島上有大林，林皆寶樹。」等句，乃不過因拂林之國名而造出之虛談，故視此記載，係經中國人手所潤飾者。且對拂林國之國土，在文面上殆類於仙鄉。想係由說者之處置之於極遠之地方，然後以之與擬定為印度財神之色界大王，即多聞天之寶藏合而考察之，則此說多半係由印度而傳聞於中國人間者。按此種類似之傳說，復見於常德之西使記中此人曾由元朝被遣至波斯 Ilkhan 朝之旭烈兀處者，西使記爲其紀行，係劉郁所筆錄。至其記事：「金剛鑽出印度，以肉投大澗底，飛鳥食其肉，糞中得之。」文句雖極簡單，惟其以金剛鑽得自鳥糞中之趣旨，却與 Marco Polo 所舉述者一致無二，因此，推定此傳說之形式，在蒙古帝國時代，由印度經波斯而廣泛傳播者。

以上列舉之傳說，其內容雖有若干差異，惟要皆與 Marco Polo 之採取金剛石之傳說相同，其所異者，不過依地方與時代而生若干之變化而已。此說主出於金剛石之採取，故 Laufer 氏以此題曰："The legend of the val'ey of diamond" 惟 Epiphanes 謂此非金剛石，乃 hyacinth 卽今日之 Sapphire，故其傳說中之寶石，不僅限於金剛石也。凡此傳說內容雖爲架空之奇談，但其根柢常有現實之事蹟潛伏其中，是以謂爲金剛石之傳說，發生於某一實際之事實，亦無不宜。在此，關於其起源，曾提出二說，其一爲 Yule 氏與 Rohde 氏所唱之說，以此傳說，與記於希羅多德（Herodotus）上阿剌伯人採用肉桂之土俗有關。據希羅多德記載，云大鳥常於人類攀援困難之高山絕頂上，集築其巢穴於該處肉桂樹之小枝間，至此土人思得一計，取肉片放置其巢穴之附近。俟鳥攫得此肉，持往巢中。卒以肉重，致巢墮地，土人爰拾其巢而取集肉柱。此傳說旨趣，與金剛石傳說甚相類，蓋其根源亦相同，惟在希羅多德記錄之一方，年代較古，可知此說本來發自西方。另一為 V. Ball, 氏之說，據謂印度之土俗，在開拓鑛山時，供犧牲於其山神。在此情況下，山神概為蛇，惟舉行如是祭祀時，鷲必羣集，而掠奪其供物。寶珠傳說，當係本於此等事情而發生者。(Translation of Tavernier's travels in India, Vol. II. p. 461.)

傾聽此二說，皆有相當之理由。欲判別其是非曲直，甚感困難。惟在此更欲提第三說，當非易事。如 Laufer 氏者，為第一說，即以 Yule, Rohde, 二氏之說，正而觀之，且努力確定之而論述者也。試摘錄其要旨言之：金剛石傳說之最古文獻，為 Epiphanes 上所載者，惟其大體之內容，酷似希羅多德所記肉柱說，固為不可爭之事實。然在印度之梵文或 Pâli 文之古典書籍中，不見有類似此傳說之痕跡。是以其起原不得不視作在 Syria, 即 Hellenistic orient 矣。至於蛇，在 Epiphanes 中或梁四公記中，俱不見及，而其餘者舉出此蟲，蓋此為後世之增補潤飾云云。(The Diamond p. 16—21。) 據該氏之說，即構成金剛石傳說中，加入蛇者，乃為蛇足，惟此果為正當解釋乎？在日本論蛇卽龍，固不問何人，皆聯想及寶珠。其於文學，繪畫，彫刻等上，寶珠與龍，常多共同出現。尤其在印度，常以龍與蛇爲珠玉財貨之保護者，或所藏者。按龍之一物，不問何國，俱爲一種靈獸。實際則無此物，但究其本源，却爲某實物之變化的理想。因此，其本體因時間處所而有不同，然在印度呼龍與蛇均爲 nāga. 由此而觀，該國之所謂龍，可作爲蛇之變化解，當無謬誤。蛇固非實際珠玉之保有者，惟在印度已有此思想，則其處不無何等理由在。蓋此爲淵源於該國，實際擧行之土俗的迷信也。在人智未開時代，卽山川河海等之自然物，亦信與人類相同，具有靈魂焉。而其靈魂，常現於最可畏之動物形態。如印度在熱帶之山中，因有最可畏之毒蛇，故以此蟲爲山岳之神，最敬而畏之。在此，進入深山幽谷，採掘寶石時，首先供祀犧牲於山神前，求其冥助。由此類事實推演，於是蛇與寶石，遂結合於思想上矣。類似此種之習俗，卽在日本古代亦行之。古代之日本人，想亦以山神爲大蛇者。日本語大蛇曰 Woro-ti. 卽山父之意，故古代尊崇大蛇爲山神之事實，由其名稱上，亦能察知之。又在昔之中國（指日本之山陽山陰）鐵鑛由山中掘出時，必供酒饌於大蛇卽山神前，以慰其心，希望在工事中不生禍難。凡此想爲發生於神典中所見八股之大蛇記載也。此種風俗，後世猶見其沿襲，即在近年木曾山中伐木時，猶行山祭也。由此等例證推斷，則古代阿剌伯人攀登高山，集伐肉桂樹枝時，因求護於山神，故屠羊行山祭當爲事實。因此，如希羅多德中所記之傳說，遂因此起。然則印度金剛石傳說亦與阿剌伯肉桂傳說無異，同由人類共同心理作用而自然發生，故此兩者間當無任何連絡系統也。在希羅多德所作之書中有與此相類之記載，茲舉述其一。其由 Issedon 人傳來之言，在 Arimaspi 人之處有守護黃金之怪鳥 griffin 一段 (Book VI, Chap. 27.) 蓋此爲黃金傳說之斷片殘留歟？在 Arimaspi 人之間，亦猶他國入深山採掘黃金時，有舉行山祭之習俗，此時即以 griffin 爲其敬畏之山神。余輩根據前述之理由，贊成 Ball 氏以金剛石傳說之起原委之印度一說。

Laufer 氏以金剛石傳說之發源地置於 Syria, 其消極的理由，即此說之痕跡，亦不見於梵文或 pali 文之古典中。然若余輩推測金翅鳥傳說，不過爲金剛石傳說一變態時，則該氏之說，自身亦感薄弱矣。在佛典中之金翅鳥傳說，言龍與金翅鳥之爭鬬至詳，而寶珠之事則爲附屬的，且敍述極簡單。在此，或有以此傳說之根源，於鷲等捕食蛇之事跡中求之者。然此傳說，因輪王帝釋取金翅鳥之琉璃珠爲珍寶，故此寶珠，確爲構成此傳說之重要因素也。據此種想像以與金剛石傳說對照時，在構成傳說要素之中，彼有而此無者，乃肉之一點。此蓋傳說進展過程中同化作用之結果歟。茲假設視金翅鳥傳說與金剛石傳說同屬一種，則最先應考慮者，爲寶珠狀況之轉變。在先金剛石傳說之一形態，以珠粘着之肉片，因鳥攫獲而運搬於山上，人索得其肉而採其珠。是殆爲實際想像之說，乃此說創作當初之原形。然據另一形態，以珠粘着之肉片，鳥食之，人由其糞中或胃中得此珠。昔時，言在遼之時代，契丹人使海東青捕獲天鵝，於其胃中得眞珠云。此因天鵝食含有眞珠之貝而使然。若是由鳥糞中取得寶珠之說，雖覺怪誕，但證之前例，猶非盡爲虛言也。要之，金剛石之傳說，其各個言語，概爲現實的。然至若金翅鳥之傳說，則其全體結構，皆非現實的，實超出世間焉。例如：一切經音義中言金翅鳥之卵殼爲琉璃，大智度論中言此鳥之涎沫結成摩羅伽陀珠等是也。凡此固爲架空之談，非實際情形。然在金剛石傳說之第一形態之珠，亦漸離現實界，進而爲理想界之形狀。如是之珠，即爲金翅鳥之卵殼，或此鳥之口沫所凝結，再脫離此鳥，維持獨自之存在，而爲各別之物。惟如增一阿含經所記，以琉璃爲鳥之心臟，珠遂失其個性，完全與鳥同化融合矣。殆與此具有同樣之同化作用者，亦能於肉之上見及之。設若寶珠傳說之起原，如前述爲山祭之習俗時，則此傳說之肉，原爲捧呈山神卽蛇前之犧牲，請珠主之蛇食之，此卽肉也。至金翅鳥傳說中之所以無肉者，因龍卽蛇所化。故失其同存性矣。若是，珠於鳥肉，於蛇，相融合時，則出現此話劇中舞臺面之大角色，當以龍與金翅鳥之二者，佔着重要之地位。由傳說發展之順序言，金翅鳥之傳說似較新，而金剛石之傳說似較古，但在實際之文獻上則反是。此何以故，不無疑慮。蓋寶珠傳說之起原在悠久之昔時。其形式與金剛石傳說相類似者，惟其後經婆羅門教徒或佛教徒等知識階級之手，遂使金翅鳥傳說理想化。其在一般民衆間則仍保持其原形，其傳於 Syria 方面者，爲 Epiphanes 之 hyacinth 傳說，其殘留於印度之邊鄙者，則爲 Marco Polo 之金剛石傳說也。若此推論無誤，則寶珠傳說之本源地爲印度，由此處而傳播於西方者也。

二　印度之如意珠

已如前述，構成金翅鳥傳說之要素爲龍・金翅鳥・琉璃珠或摩羅伽陀珠。就中龍與金翅鳥爲靈物，屬於空想而惟寶珠爲現實的，似感缺乏全體之協調。蛇理想化而成龍，鷲理想化而成金翅鳥，則琉璃或摩羅伽陀應亦理想化而爲某種靈妙的寶珠矣。據如是之想像以案據佛典，觀佛三昧經（卷一三丁）載：「金翅鳥心爲明珠，輪王得爲如意珠。」又華嚴經（卷四〇，二丁）中有：「帝釋於頂髻置摩尼珠，寶力故威光轉盛，卽得十法，超出三十三天。」等文句，大堪注意。茲與前引之增一阿含經中關於金翅鳥之敍述：「身肉消散，唯有心在，大如人髀，純靑瑠璃也。輪王得之用爲珠寶，帝釋得之爲髻中珠。」對照觀之，則增一阿含經言金翅鳥之心臟爲瑠璃珠，該當觀佛三昧經之如意珠，與華嚴經之摩尼珠矣。然則此如意珠與摩尼珠果爲如何之寶珠乎？案仁王經疏（下三）載：「摩尼此云寶，順舊譯也。新云末尼，具足應云震跢末尼，此云思惟珠。會意飜云如意寶珠，隨意所求，皆滿足故。」又見梵語字典（二二七頁）云：「希麟音義第六云：振多摩尼，此云如意珠，金光明最勝王經疏第五云震多，此云如意，本意但名意，心思量義，如者義加。末尼此云寶珠。陀羅尼集經第六云：眞陀摩尼，唐云如意珠也。」梵語以寶珠爲 maṇi。上文之摩尼，末尼，俱爲其對音，又同語以思惟爲 Cintā。上文震跢，振多，眞陀，俱爲其對音。故梵語之 Cintāmaṇi，若直譯之，則爲思惟寶珠，而稱之曰如意珠者，蓋義譯也。又於佛典中雖同樣書作摩尼，亦有廣狹二義。廣義單稱寶珠，狹義乃爲震跢摩尼之省略，卽指如意珠者。華嚴經有帝釋以摩尼珠置頂髻者，是爲震跢摩尼珠之省略，而觀佛三昧經有輪王由金翅鳥得如意珠者，是爲梵語。苟如是，摩尼珠爲震跢摩尼珠，其爲如意珠之意義時，則此寶珠爲靈妙不可思議之神珠，其實世中無此珠也。增一阿含經中言金翅鳥之心臟爲瑠璃珠，以之與觀佛三昧經之如意珠想像之，則此時之如意珠卽瑠璃珠理想化之神珠也。

藉金翅鳥之卵殼，或由其心臟而成之瑠璃珠，與其以口沫結凝之摩羅伽陀珠，固皆由山中掘出之寶石，故寶珠神話之發展過程，在某一時期間，不得不用山地襯托。及至此等寶珠採取龍或金翅鳥等之理想的如意珠時，則此神話劇之舞臺改變，由陸上而移往海中矣。如往生論註載：「佛入涅槃時，以方便力留碎身舍利，以益衆生。衆生福盡，舍利變爲摩尼如意寶珠。此珠多在大海中，大龍王以爲首飾，若轉輪聖王出世，以慈悲方便能得此珠，於閻浮提作大饒益。」卽其一例。觀此文表面，龍爲海中之王，該處多如意珠，龍王以此寶珠用作首飾。又智度論（卷二五）記：「如菩薩先爲國王太子，見閻浮人貧窮，欲求如意珠，至龍王宮，（中略）龍卽與珠，是如意珠能雨一由旬。」此文言龍在海中構築宮城卽如意珠之藏處。如前所詳言者，金剛石傳說中以蛇爲山岳之神，爲土中掘出的寶珠之所有者，而在佛典中傳說則以金翅鳥對手的龍，爲海洋之神卽如意珠之所有者。何故以山神之蛇，變成龍，而遂爲海中之神歟?蓋世間以雲雨起於靈獸，以蛇似龍卽所謂 dragon 是也。此種怪物之思想若與蛇結合時，則山神之蛇，不問何時能變爲支配水之龍也。梵語對蛇龍均稱 nāga，但山神之 nāga，爲蛇而海神之 nāga，則於本來之蛇以外再加以空想的外來觀念之龍。在印度，現實的山神爲蛇，同時現實的海神則爲鯨魚。徵之雜寶藏經（卷六）所載：「佛言此珠（如意珠）摩竭大魚腦中出，魚身長二十八萬里，此珠金剛堅也。」及玄應音義（卷一）所記：「摩伽羅魚亦云摩竭魚，正音䃺迦羅魚，此言鯨魚，謂魚之王也。」等記事，卽能明瞭。梵語稱鯨魚曰 makala，摩伽羅，摩竭，䃺迦羅，俱爲其對音。鯨在海中動物內因係最大，故印度土人，尊崇之爲魚中王，卽海神也。所謂由摩竭魚之腦中取出如意珠一節，與智度論（卷三五）中：「有人言此寶珠（如意珠）從龍王腦中出，人得此珠，毒不能害，火不能燒，有如是德」之以如意珠由龍王腦中出之傳說相同。因龍爲空想的海神，故謂如意珠之神珠得自腦中者，並無何等不可思議，惟摩竭魚爲現實之海神，當不能由其腦中生出如意珠。且言此魚身長竟有二十八萬里，原屬空談，非事實也。此記事畢竟爲知識階級之僧侶等以海神之摩竭魚化作神祕的靈物而已。惟摩竭魚，如前所述，實卽鯨魚，民衆風習輒以現實之鯨信奉之爲海神而敬畏之，乃爲事實。

關於山神之蛇變化成龍之過程，又由海神之龍與現實之動物分爲二體，此故事，在日本古代傳說中亦能窺知。在前一之最適切之例證，爲八股大蛇之傳說。以此大蛇爲神有正確之根據，見於書紀神代卷中，曰：「素盞嗚尊勅蛇曰：汝是可畏之神。」至其爲山神，則可由前述之 Woro-ti 之名稱上推知之，惟書紀於同卷中有：「至期果有大蛇，頭尾各有八歧，眼如赤酸漿，松柏生於背上，而蔓延於八丘八谷之間。」之文句，又古事記之神代卷中：「其身生蘿及檜榲。」由此等文句觀，當益明瞭矣。然實際之蛇，並無八頭八尾，亦非身生草木也。若是，可知此大蛇，決非現實之蛇，不過作者托之空想之怪物而已。在西方之傳說中，亦有多頭龍，尤其在印度之傳說，繪畫彫刻等上，常有四五頭之nāga（龍），又日本語有九頭龍的熟語，乃淵源於佛說者。此八頭八尾之大蛇，得無有印度之龍的思想潛伏其間乎？又書紀神代卷，草薙劍之註曰：「一書曰：本名天叢雲劍。蓋大蛇所居之上，常有雲氣，故以名歟？」不問何國，若述及龍，必有雲雨等附屬物，而此註之文句，則從漢文口調中得來，故於天叢雲劍中包含漢人對於龍之思想也。又此傳說之文面，奇稻田姬爲國神之童女，實則不過擬稻田爲人耳。所謂大蛇每歲出現，必吞食童女者，蓋述大蛇降大雨而起洪水，致稻田荒蕪也。要之此種傳說，以山神的現實之蛇，因受外來思想之影響，而變爲水神之龍，其徑路已具體的明示之。

日本人在古代信蛇爲山神之事，由八股之大蛇記載，可以察得，惟彼等又以鰐或龍爲海神焉。而此海神，持有所謂干珠滿珠之珠類，有進退海水之魔力。若是則此珠宛如印度之如意珠，惟此果爲由外國輸入之思想乎？抑自國內發生乎？由史上觀察，確爲一重大之問題。試閱隋書（卷八一）東夷傳倭國條，其中有如下之記事：「有如意珠，其色青，大如鷄卵，夜則有光，云魚眼精也。」日本人於隋代獲得如意珠之知識，一事，據此文明甚。案國史，推古天皇之十五年，遣小野臣妹子於隋，翌年，裴世清等啣煬帝之命，由隋來倭，蓋如意珠之事，在此際傳聞於隋人者。當時日本聖德太子，總覽國政，正在希圖興隆佛教之頃，則如意珠之事，至少必傳布於佛教信者之間。然因此寶珠，原爲空想之物，實際並不存在。但由上引之隋書：「夜則有光」之句推斷，想此珠即中國人之所謂夜光珠也。太平御覽（卷八二三）載：「裴氏廣州記曰：鯨鯢目卽明月珠，故不見有目精。」因古代之中國人信明月珠爲鯨魚之目精，故此珠可視作與夜光珠同樣珍重。苟若是假定倭國之如意珠爲中國人之夜光珠時，則此珠亦空想之珠，非日本眞有此寶石也。然在隋書中記載此珠之大小與形狀，蓋其時日本實際上，有指某玉石或玻璃而稱爲如意珠者。且推古時代傳播之如意珠知識，固甚確實，日本未傳入佛教之古代物語中，已見此寶珠之記載，其所佔地位之重要，應如何考察之？是確爲史上之問題也。

在日本書紀仲哀紀二年中明記：「秋七月辛亥朔乙卯，皇后泊豐浦津。是日皇后得如意珠於海中。」等文句，故如意珠在佛教未入日本時代，已見與神功皇后有關係之記事，乃爲無可爭之事實。但在此成爲問題者，乃見於神代史中皇孫訪問海宮之干珠滿珠一事。以此珠解作如意珠之意見，早已提出於學界中，惟其是否果爲正當之解釋，則猶待研究。茲爲解決此問題，首先堪玩味者，爲神代史卷下所載如左之文句：

及至彥火火出見尊將歸之時，海神白言：今者天神之孫辱臨吾處，中心欣慶，何日忘之！乃以思則潮溢之瓊思則潮涸之瓊，副其鉤而奉進之。

關於文中「思則潮溢之瓊。」云云之文義，據日本書紀通釋（卷之二〇 p p. 1023—1029）言：「此言之意在葦芽。當爲所思如意，而潮或溢或涸之意，故名直指之。思則是如意之義也。至其詳則僅而不言。蓋思則云云者，若思潮溢，則潮卽滿。若思潮涸，則潮涸之瓊意義乎。苟如是，則與如意之義相同。而此所謂潮滿潮涸者。並非瓊名。不過云潮溢涸之瓊而已。」按此書著者，對：「思則潮溢之瓊。思則潮涸之瓊。」之文義，解作如意而使潮滿干之珠，其不言爲正式之珠名者，何也？以意度之，若能使物如意則非如意珠而何。前已言之，梵語稱如意珠曰 Cintāmaṇi。因 cintā 爲思惟意，maṇi 爲珠意，是以如意珠之正式譯名，當爲思惟珠也。苟以書紀之「思則」之文字，當作梵語之 cintā，瓊作梵語之 maṇi 時，則此「思則潮溢瓊。」與「思則潮涸瓊。」者，不過印度之思惟珠，卽 cintāmaṇi 之翻譯而已。

如前所述，印度傳說以如意珠之所有者，爲搆築宮城於海中之龍王。而日本神典之故事中，對於干滿二珠之所有者，在文面上雖不直書龍，然由種種事情推想，爲龍無疑。皇孫之妃爲海神女名豐玉姬，其妹名玉依姬，二者俱以玉名，然則其父海神，當爲有珠者之龍矣。豐玉姬本體之爲龍，由書紀所引之一書中：「後豐玉姬果如前期將其女弟玉依姬，直冒風波來到海邊，逮臨產時，請曰妾產時，幸勿看之天孫猶不能忍竊往覘之，豐玉姬方產化爲龍，甚慚之」固甚了然。苟豐玉姬爲龍，則其父海神，亦爲龍無疑。

據書紀本書豐玉姬爲龍而生子，惟此卷引一書曰「化爲八尋大熊鰐，匍匐逶蛇。」則其本體，乃爲熊鰐。觀解釋此書之書紀通釋云：「化龍之說，非傳聞之異，乃以鰐爲龍也。平田翁謂；印度籍中有云，大海水底有沙渴龍王宮，以龍爲居海底者，雖爲印度之古說，然龍居於丘谷池澤，非居於海也。彼國書籍以海底爲龍所掌者，乃自最古所誤傳也。海神本爲和邇神，彼有奇異之稜威，其狀態與宮殿等事，展轉傳聞，遂誤認爲眞龍矣。夫鰐類亦有種種，其中有甚似龍者。」此說以本書之龍與他書之鰐，強欲融合爲一，實附會不足信。龍居海中，構築宮殿，保有珠玉財寶，此印度之傳說，故神典中海宮故事之一部分，確係採取此思想者。日本人昔信海神爲 Wani。書紀等以此 wani 譯作漢字之鰐者，實誤。彼非 aligator，又非 Crocodile。Wani 者實爲 Wani-zame 之 Wani，乃 Same（鮫）

之一種也。日本古典稱海神爲 Wani（和邇），又呼鋤持神。鋤持（Sabimoti）之鋤（Sabi）爲劍意，而持（moti）者與大日靈貴（ohohiru-me-muti）之貴（muti）同語，卽呼尊貴者之敬稱也。鮫魚之齒，如劍之銳，故得 Sabi 或 Sabe 之稱。而所謂鋤持者，卽俗語劍殿劍樣之意義，以鮫魚爲神而尊貴之，故有此名。今之日本語稱鮫魚曰 Sabe，乃由 Sabi 轉爲 Sabe，更訛而爲此音也。故昔時日本之海神，實爲鮫魚，可由其名稱上推知之。鋤持神古語爲 Wani，卽兄（ani）之義，是亦海神之敬稱也。若此解釋無誤，則日本古典中所見之海神，有龍與鮫之兩種，其間有劃然之區別焉。以龍爲海神，乃淵源於印度傳說的空想之神也。以鮫爲海神，呼爲和邇或鋤持，則日本固有的現實之神也。印度亦有二種之海神，一爲 naga，乃普遍世界之龍，實空想之神，另一則爲摩伽羅，卽鯨魚，乃印度固有的現實之神，其現象宛然相同。

神代史中所見之干珠滿珠，不外卽如意珠，與仲哀紀中所記之如意珠，卽干珠滿珠之主張，尚有不得不解釋者。前已言之，書紀載仲哀天皇二年，神功皇后於豐浦津由海神得如意珠。在此記事之前後，不見關於此寶珠之事蹟，是以讀者以此爲單獨發生之事，輕輕讀過。其實以如意珠爲海神所藏之寶珠，故海神以之奉於將渡大海征伐三韓之神功皇后，其間必有何等之用意焉。根據此種思想以讀書紀，則當思及書於仲哀紀八年一項中之如下文句：

幸筑紫時，岡縣主祖熊鰐聞天皇車駕，豫拔取五百枝賢木，以立九尋船之舳，而上枝掛白銅鏡，中枝掛十握劍，下枝掛八尺瓊，參迎於周芳沙磨之浦，而獻魚鹽地。

讀此記事，惹人注意者，爲岡縣主之祖先名熊鰐一節。按書紀時代人物之用魚類命名者，如眞鳥之鮪，蘇我之入鹿等例，故岡縣主之祖先名熊鰐者，似不足怪。然熊鰐前已言及，爲海神女豐玉姬產子時之形狀，豐玉姬之名，則關係於如意珠中，而姬父爲鋤持神，卽熊鰐，以干滿二珠獻於天孫等事，合倂想像之，則仲哀紀之熊鰐，在文面上，雖爲岡縣主之祖先，實則可看作海神之權化也。夫如是，獻如意珠於神功皇后之海神，恰當此熊鰐，依此珠之功德，使海路平穩無事，始終降伏敵國，極致奉公之誠也。又在書紀之末段有：「獻魚鹽地」之句，蓋卽以海神之領土，卽綿津見國，上獻於朝，以表一意恭順。若此考察無誤，則見於神功紀九年記載中之下段文字，當益能證明之：

冬十月，從和珥津發之時，非廉起風，陽侯舉浪，海中之魚悉浮挾船，則大風順吹，帆船順波，不勞櫖楫，便到新羅。時隨船潮浪，遠逮國中。（卽知天神地祇悉助矣）新羅王於是戰戰栗栗，厝身無所，則集諸人曰：新羅建國以來，未嘗聞海水凌國，若天運盡之，國爲海乎？是言未訖之間，船師滿海，旌旗耀日，鼓吹起聲，山川悉振。

據本居宣長言，在對馬之上縣郡有所謂鰐津，鰐浦之處。秋冬之交，渡至朝鮮國，乃由此處出帆，又春夏時，由佐須奈浦出帆，故書紀之和珥津，當爲此鰐津也。然在皇后之水軍由九州向朝鮮時，以最初出發之湊，擬作對馬島之鰐津，覺有不妥。卽於唐津之北加集島上，亦有所謂鰐浦者，故不若以書紀之和珥津指此焉。惟對於此和珥津，衡之今日之地理，彼此議論紛紜，實爲無益，是以在此僅以惹人注意之海神熊鰐所領導之海軍出發處，爲和珥津可矣。夫航海中風波順適，魚類悉集，而來擁護軍船者，乃以海神已將魚鹽之地卽海原獻於朝，而海中魚類悉爲臣下之故也。迨日軍漸迫近敵國，俄起大海嘯，氾濫於新羅國中者——文面上雖未言——乃因神功皇后以昔由海神獲得如意珠，向海水呼喚之故也。觀此書紀之解釋，可知如意珠在此傳說中占着重大之位置。又上引之通釋在此施以考證曰：

古說：住吉大神化爲皇髮老人，出海引導。及渡異國時，海中皇后妹河上大明神豐姬命，亦攜弓箭，穿甲冑，以相從。並遣此命與安曇磯童，於龍宮借玉。經三月，得青白二珠返。色青者爲滿水珠，色白者爲旱水珠，各二寸許。武內大臣以此珠投於海，遂降伏三韓。磯童者，鹿島明神也。大臣因其奉珠之功，故稱高良玉垂命。二珠則奉納肥前國佐賀郡河上宮，見於宇佐託宣集所引聖母大菩薩緣起，及宇佐緣起，石淸水緣起，愚童訓，伊呂波字類抄等。信有此事者，豐姬命往海宮，在信友社，氣比社舊記中，有引玉姬命，一名空津媛，又名淀媛，皇后妹也。玉妃得二珠，尤以此時依玉建功，故稱此名。

諸社之緣起等，固爲後世所作，但書紀之精神，卻以降伏三韓之大原因，歸之干滿二珠。由是而觀，可知書紀之如意珠，不外卽干滿二珠也。

三 祚答石與婆薩石

如意珠如其名所詮釋，若持此珠，卽能從心所欲。是以言其效力，誠絕大無限。惟在日本古代神話中，僅謂此寶珠有進退海水之魔力，強呼為干滿珠。其實此寶珠，原為空想的，謂彼能自在起落海潮，實際並無此物，使用之說更不必論。然而亞細亞北方民族，尤其是突厥人蒙古人，有用某種之石，以之左右雨雪之習慣。此石呼為 ẑada 石，漢字書作砟答，鮓答，札答，査達，劄達等，復稱此咒法曰 ẑada 法。此種咒法果起於何時，現已無由知其詳細，惟從見於中國文獻之範圍內言之，北史（卷九七）西域傳悅般國云：「又言其國有大術者，蠕蠕來掠，術人能作霖雨盲風大雪及行潦，蠕蠕凍死漂亡者十二三」之記載為初見。此處雖未書悅般術人使用砟答石，惟此術由後世想像之為 ẑada 法，當非無理。悅般為突厥種之民族，以天山之北塔爾巴哈台（Tarbagatai）之邊為中心。蠕蠕則根據土拉（Tola,）鄂爾渾（Orxon,）二水之流域，為蒙古種民族。若是，此咒法在南北朝時代，行於接近 Iran 種之西域之突厥民族間，則甚確實。又唐書（卷二一七下）回鶻傳薛延陀條：「大度設亡去，萬徹追弗及，殘卒奔漠北，衆皸踣死者十八。始延陀能以術禬神致雪，冀困勣師，及是自反皸云」。又舊唐書（卷一九五）回紇傳中，敘述唐將白元光與回紇兵合破吐蕃軍之事蹟云：「初見白元光等到靈台縣西，探知賊勢，為月明，思少陰晦，回紇使巫師便致風雪，及遲明戰，吐蕃盡寒凍，弓矢皆廢，披氈徐進。元米與回紇隨而殺之蔽野。」按薛延陀（Sir tardus）與回紇（Oguz 卽 Vigur）皆爲據鄂爾渾河流域之突厥種民族。在此文內雖亦不見有酢答石之事，惟其術係依酢答咒法，則甚明瞭。

自唐代以後此酢答法久不見於中國之史籍中，惟由宋末經元明迄至有清，關於此法之記事，散見於諸書。茲先從其中年代較古者敍述之。在元朝祕史之日譯成吉思汗實錄（卷之四）記載成吉思汗打破扎木合軍云：「明日行近闊亦田對陣，上下挑鬬，勢既合戰，不亦嚕黑罕忽都合二人，知咒（蒙語扎答）然彼等行之無效，倒於溝中，言上帝不愛我等，於是遂潰。」以蒙古文中之扎達（žada）明譯爲「能致風雨的事」，又此譯文中之「咒」，卽蒙古文中之 žadalaxu 譯文中以有風雨爲本文之扎達（žada）。然則蒙古文之扎達，可知卽爲咒詛之義也。蒙古語與突厥語以行此法之巫師曰 žadači，而對其時使用之石，突厥語爲 žada-taš，蒙古語爲 žadačilarun。除此元朝祕史外記載此石者復有數書，東西學者已皆介紹矣。余輩更蒐集酢答石記事散見於各書者，如熱河志、椿園西域見聞錄、口北三廳志、西陲竹枝詞、三州輯略、熱河日記、聖武記等，惟本論之目的，因非專考此石之事，故茲僅擇爲本論之必要者引用之。

散見中國文獻之鮓答石記事，皆屬零碎的斷片，就中比較委細者，如三州輯路（卷七）西陲紀略條之記載，其文如左：

西域蒙古祈雨，以鮓答沒水中，咒之，輒有驗，其人亦名鮓答齊，生牛馬驢羊諸畜腹中，在腎者尤良，形如鸚鵡嘴者，爲最重大，可如拳，色或黃或白，堅如石，生畜腹中，畜漸羸瘦，久則死，生剖得者爲靈物。宋牧仲冢宰筠廊偶筆載：「崇禎甲申七月，李家馬生卵，紅白相間，重三觔，小者觔許，凡三枚，大者如升，質色如雀卵，考之書，凡獸皆有之，名曰鮓答，治奇疾難名者，生牛馬腹中者良。觀此可知鮓答古已有之，不特可以祈雨，兼可以治疾也。」貝子袞布所屬有鮓答齊者，雍正十一年祈雨頗驗，既而霖雨不止，自陳於帥府，旣優渥矣，宜止之，無爲禾患！帥府優賞而遣之，雨亦未即止也。雍正十二年又使祈雨，又不應，乃曰：喇嘛相妬爲抗耳。旣而哈密貝子額敏遣其鮓答齊，以鮓答試之，翌日雨。

由此文面觀，已甚明瞭。在舉行鮓答法時，其使用之石，非普通石，俱係用牛馬羊等腹中凝結之堅石，並信其由活動物中得到者爲最靈驗。依上面之例證，古代主用此石於戰爭之際，起雨雪，以破敵兵者，惟後來多用於旱魃時祈求雨雪。又此石不僅生於畜類腹中，即在蟲類體中亦有發生者。其由左揭有清七十一（椿園）所著西域見聞錄（卷七）之文中可以窺見。

劄答堅如石，青黃赤白綠黑色不一，大小亦不齊，生牛馬腹中，而有生蜥蜴尾根及野猪頭腹中者，尤良。回人祈雨則以柳條繫之，置淨水；則雨；祈風則囊之，懸馬尾上。祈陰囊之腰橐，各有所祈之咒，莫不響應。回人及土爾扈特額魯特多於夏日長行，用以辟暑，謂之下劄答，喇嘛下之尤速。

砟答咒法原多用於招雨雪起暴風者，惟有時亦可用於相反之事，如止霖雨催晴之類。熱河志（卷七五）鄂博詩云：「路口山頭壘石磷，心常依處地常雨查達晴查達。」（譯者按有脫誤）其註曰：「凡祈雨祈晴皆在此。」按天候氣象乃自然的發動，非人力所能左右，故此種招雨雪之咒法，終不過土人之迷信耳。然實際若無天候上之急激變化發生，則此咒法不能博得衆人之服從也。蓋蒙古之地理、氣候變化甚劇，因此發生若是之土俗。至其反對之證據在氣象變化甚鮮之中國本部及朝鮮等處，似無舉行此咒法之遺習也。至在日本，關於此類咒法，亦有二三例。例如廣大和本草中載：

「在武州雨降山雨降大明神之什寶中有鮓答一枚，大如瓢子，天下旱魃時，持鮓答上山舉行術法，須臾卽驗。至其雨管約何里各隨其術之管約而降雨也。鮓答若有玼瑕則不驗，蓋氣凝之也。」又本草紀聞中記：「在作州一宮之末社，有所謂祈雨神社者，言此宮之神體爲鮓答。」以上二者，爲學界所夙知，惟余輩更有一類此之事例。此爲明治四十二年，近藤秀三親對余輩所言，因可供作土俗學上之新資料，故不憚煩而採錄其事實於左：

岐阜縣羽島郡足近村大字直道有阿遲加神社，神殿中藏石一塊。其大小約六七寸或三四寸，呈灰黑色。聞十分檢點此石之人言，上有靑斑點二三。隣近之人尊崇之，稱曰雨石樣。若在旱魃之年，則可以之祈雨，甚靈驗。舊幕府時代，隣近村莊曾因祈雨而持之以行。此事可以其獻納於神社之旗幟中證明之。昨年旱魃之際，由各地因乞雨而來此集合。關於祈雨之法雖不知其詳，但云以此投入水中。然浸入水中則注水過多，恐有大風雨以致氾濫，故現以神官榊之葉注水石上而行之。

關於此石流傳來歷，卽在納石之箱蓋上，亦不得明見。僅據人傳說云，昔時敗軍有一將，擕之至此村內，而隱藏於某家者。大將深喜得避敵兵，是以以禮出此石曰，若以此石浸入水中祈雨，則忽來風雨。我等臨戰場常深祕之，今以與汝等請鄭重保存。其家遂奉於神宮中云。另據一說云此石爲浦島子由龍宮攜來。此說蓋起於乞雨之事者。（近藤氏爲大學中出席余輩之講義之人。且該氏爲同村宇南宿人。）

據以上之記事，此土俗爲鮓答法無疑，惟此法在何時由何處而傳入日本者，則不明瞭。試觀廣大和本草或本草紀聞中所書此乞雨石爲漢字之鮓答，則此土俗，想係德川幕府時代日本學者由漢籍中得來之知識，由蒙古滿洲經朝鮮而傳入者也。此呪法在日本限於舉行之範圍，且其繼續時期甚暫，蓋畢竟不適合於日本之天候氣象也。

在土耳其或蒙古之鮓答石，主係使用於乞雨，惟有時亦視作藥品。此事由以上引用之三州輯略得知之，又記載長城邊外風俗之熱河日記（一九）中，有如左之文句，亦可窺見其大概：

余問舖中藥料希奇俱全否？舖主曰：无論草木金石，指名要看，輒敢奉正。余曰：希奇珍品偶未思名。舖主指東壁下紅漆櫃子曰：這裏鮓答一枚，眞是稀奇難得之料。余問：鮓答何物？舖主笑而起曰：第不妨觀看。開櫃出一圓大如數升匏子，形似鵝卵。余曰：此水磨石也，何相戲耶！舖主曰：何敢放慢無禮！這是騾卵，能治難名奇疾。

砟答咒法，在南北朝時行於厲突厥種之悅般人間，其事已述如前，由北史之文面上得窺知之，惟於砟答石一名，在宋末元初之漢籍中則不見其形跡。其在藥品中名此石爲婆薩，則見於唐代之北戶錄（卷一）中。此事已由 Pelliot 氏考定之矣（Tóung Pao, T. XIII, p. 438.）因此石於藥品則名婆薩，而以之爲乞雨石則名砟答，是以有視爲另一物體者。然其後知此二稱原來爲同一之石，遂使砟答之名，在某時起，亦適用藥品，而忘卻婆薩之名稱矣。

如前所述，砟答一名，在波斯語爲巫覡咒法 žadū 之傳訛，原係祈雨咒法之名也。然於婆薩二字，卻當英語之 bezoar，專指解毒劑者，而此 bezoar 乃爲波斯語 Pāzahar 之轉訛。又此波斯語之頭音 Pa 爲抵抗，而末音 Zahar 則爲毒義，二語結合，乃爲抗毒解毒之意義。（Yule and hurnell, Hobson Jobson, p. 90—91）自此波斯語傳於阿剌伯，後因此國語無 P 音，於是遂變爲 bazahar 或 fozahar 之音矣。唐時中國人以此藥品名婆薩者，正爲阿剌伯語 bazahar 之對音也。以此藥品傳於歐洲者，爲葡萄牙人，故其國語稱此物曰 bazar, bazaûr 等，實爲阿剌伯語 bazahar 之訛。在日本茅窗漫錄蘭語辨惑擁書漫筆半日閑話松屋筆記大和本草等隨筆中所見之鮓答，呼作「黑薩拉」「拔薩拉」或「黑薩魯」「拔薩魯」，解爲蠻語。余輩於昭和六年六月六日在民俗學會講演「Altai 民俗之 Jada 咒法」一題時，曾言此「黑薩拉」「拔薩拉」不外卽葡萄牙語 bazar 之轉譌。其後岡本良知氏於民俗學雜誌（三卷十二號·四卷一·二·三號）上載「黑薩拉拔薩拉考」一文，關於此藥品之名義，其所發表之意見與余輩同。

由以上論證而觀，婆薩石（bezoar）卽砟答石（žada），同爲動物體內凝結而成之病石，其所指固甚明瞭。此 žada 前已言之，爲波斯語 žadu 之轉訛，乃魔術之意義，又 bezoar 亦爲同國國語 Pazahar 之訛，指解毒之義。然則此石屬性之魔力方面卽精神的觀念，傳於亞細亞北部則爲砟答石；其爲藥劑之效力方面卽物質的觀念，而擴於此大陸之南部者，卽爲婆薩石矣。至此婆薩石，卽在實際上爲解毒劑，被尊爲萬病之妙藥，然在今日化學上分析之，而不能證明其有醫藥的效力，故此貴重之神藥，亦不過與砟答石同爲一種信念而已。果若是，則不問其爲砟答或婆薩，可作與如意珠同樣觀也。如意珠在日本古典中具有自由左右進退海潮之靈力，宛若砟答石在亞細亞北部之民族間信其能自由左右雨雪之效力，且如意珠在智度論中言其爲四百四病之妙藥，恰與婆薩石之爲解毒劑能治萬病者相同。不過如意珠爲空想之物，實際不存於世間，反之，婆薩石，砟答皆爲現實之石，此其差異處也。

如意珠爲空想之珠，姑置不論，卽如婆薩之現實物而信其具有辟一切毒病之靈力者，徵之大智度論，尙有摩羅伽陀珠。此寶珠前已言之，爲大秦國之木難珠，卽今日之 Emerald，亦卽綠寶石也。信此寶石爲顯著有効之藥劑者，不獨印度爲然，卽廣闊之西域諸國亦同。在歐洲某地方，亦有以綠寶石用爲解毒或用以驅除種種邪氣者。又信以此懸於頸上可不罹一種寒熱病或癲癇病焉。根據紀元三世紀之人 Theophyrastus 所著寶石誌，言醫治眼疾勞者爲綠寶石。又據 Rues 云：縱爲瀕死之病人，若能嚥服此寶石之粉末，卽能健康如常人。阿剌伯人信此寶石有解毒之效力。據 Abenzoar 所云，嘗毒草時，只須含一綠寶石於口中，其毒卽在腹，亦能立卽消除云。又云用此寶石所造之治療法，對於癩病之人有效。更有信以此掛於頸上爲護符，得不罹癲癇之病症。然在病勢猛烈，無希望痊癒時，則此寶石能自裂以示治療之絕望。(Kunz, The curious lore of the precious stones, pp. 379 至 382.）若是，信此綠寶石能爲藥劑又能驅邪之顯著效力者，蓋此寶石初由西域輸入時，中國人從其土稱而以木難呼之其後復書作莫難者以表示其本名同時並寓有所持者萬事無難之意乎？

寶石之中，不僅綠寶石有如是效力，其他寶石，亦有類似之迷信焉。例如瑪瑙（agate）消毒，退暴風雨，且能止出血；琥珀（amber）則治咽喉病；猫睛石（cattle eye）醫喉尖症，預知暴風雨，爲妖術之護符；金剛石（diamond）防危險有力；柘榴石（granate）禦熱病與水腫；尖晶石（spinel）防雷及暴風雨；堇石青（golite）豫知暴風雨之襲來；碧石（jasper）消毒，止血；月長石（moonstone）與月之盈虛相共，且治癲癇疾；石英（quartz）退暴風雨，又能消毒蛇之毒；紅寶石（ruby）防震雷與暴風雨，兼除蟲害又爲傳染病之豫防劑；藍寶石（sapphire）治發狂腹腫等症；絲柱石（beryl）止吃逆，治肝臟病；紫水晶（amethyst）醒酒醉；黃寶石（topaz）有治火傷之效能，並止出血；雹氣石（tourmarine）有治齒痛頭痛之効能；土耳其石（turquoise）如藏此者，有病則色薄，死時則變無色，又震雷不致受傷，和精神，致繁榮。（鈴木敏著金石誌（第十一章）

〇四至一〇六頁）。由以上種種例證想像之表現寶石之效力者，有二方面。其一爲物質的方面，本藥劑之能力以療治百病，恰如生於動物體內之凝石，具有呼作婆薩時之勢力焉。另一係精神的方面，能防風雨退妖怪，攘邪氣之靈力，恰如凝石稱作砟答時之效力焉。不問其爲由動物體內獲得之凝石，抑由山岳河海採取之寶石，二者俱信有一種之效力。蓋因印度人夙富想像力，凡事空想化，遂產生靈妙不可思議之如意珠，能自在的成就萬事萬物也。

四　結言

然則，何故砟答石與寶石，設想有此靈妙之效力歟？欲解釋此點，首先注意砟答石之事實。此石決非普通石，主由動物體內所得之凝石。且信由活動物體內獲得者，較之死動物體內採得者爲有效。彼人智未開之自然人，觀及動物體內有凝結之石，自必驚異爲不思議之事。在此見到草木葉落枝枯，限於果實不朽腐而永續不絕者，遂以草木之生命宿於其果實矣。因此，同樣推測動物體中有生命之種子，爰指定其體內凝結之石矣。至於砟答石爲靈物者，此乃推理之結果也。在此，以砟答石爲靈物之理由，已如上解釋，然則由山谷掘得寶石，亦想像其爲靈物者，何也？蓋其時社會尚屬幼稚，在學者所謂 Animism（靈魂的信仰）思想支配一般人心之時代，以爲具有生命者，不僅人類，禽獸魚介草木之類，以及山川河海等自然物，皆以爲有生命焉。若旣以爲有生命，則其凝固之物，即視作靈魂。是以將山谷掘出之鑛物珠玉等類，當時人遂信其爲靈魂矣。今欲解釋此理，其最適切之例，乃爲八股之大蛇傳說也。已如前述，大蛇爲山神，惟言其背上生松柏，則此非山之自身而何？素盞嗚尊寸斷大蛇，由其尾得名劍者，蓋言切開山岩而採得鐵鑛耳。是以就大蛇言，名劍爲其魂，更就山谷言，則鐵鑛爲其魂矣。神典中云天圓地方，含有高等哲理在，故八尺瓊曲玉，爲天即高天原之魂，而草薙劍乃地即山之魂也。鐵鑛珠玉，皆採自山谷者，故以之爲山魂。然則思惟寶珠砟答石爲靈物者，實視爲生物，而出於山魂耳。

生於動物體內之砟答石，與採自山谷之金屬珠玉，若均尊之爲魂魄時，則生於人體內之石，例如膽石淋石之類，當亦同屬魂魄矣，然實際則無此事，何也？蓋人類早已認定魂魄即精神之存在矣。太古人類解剖人體，最感不可思議者，爲肝臟與心臟。此二臟俱帶圓形而色赤，原始人自必懷抱一種奇異之念。在此乃發生人之精神宿於肝膽中之迷信。以小心者爲膽小，反之以豪放勇氣者爲膽大，且就日本語所言膽魂（即肝魂謂心魂）煎（即肝煎謂周旋）等而觀，可知以膽爲精神住處之想像也。日本語膽爲 Kimo。Kimo 之 Ki 爲接頭詞，mo 爲語幹。按日語「實」爲 mi 或 mu，故此 mo 或爲其轉音，以寄宿草木生命之果實呼曰 mi，則稱寄宿人之生命之膽爲（Ki）mo矣。且日人復以心臟爲精神之宿處，謂之 Kokoro。按 Kokoro 之頭音 Ko 爲接頭詞，Koro 爲語幹也。在日本書紀神代卷中，田心姬訓爲 tagori hime，由此推知古語亦稱心爲 Kori（gori）也。若是，則此 Kokoro 之 Koro 與古語 Kori 爲同語，皆指精神凝固形狀而言也。按心之漢字若果爲顯示心臟形狀之象形文字，則中國人亦以心臟爲精神之居所矣。又日語以心曰mune，此mune之ne爲接尾詞，mu 爲語幹。而此 mu 與所謂膽 Kimo 之 mo 爲同語，所謂身體之實在 mi，mu 即魂魄精神之義也。

在古事記神代卷中，稱天地萬物發生之大精神爲高皇產靈神，或神皇產靈神。此高與神各爲一語之敬稱，而皇產靈之訓 mi-mu-subi，由 mi-mu 與 su-bi 二語結合而成。mi-mu 之

mi 爲接頭詞，mu 爲語幹，實卽魂之義。又 Su-bi 之 Su 爲接頭詞，bi（gi）爲語幹，所謂魂之靈妙活動也。日語以精神曰 tamo-šibi 者，亦與此 mimu-Subi 爲同語。ta-ma 之 ta 爲接頭詞，ma 爲語幹，乃 mi-mu 之 mu 之轉音，又 si-bi 之 Si 爲接頭詞，乃 Su-bi 之 Su 之轉音，bi 爲語幹，卽 Su-bi 之 bi 之本音也。其在天地間似亦有精神，而在國土中似亦有精神。此於神代史，稱爲大國主神，又顯國玉命。國玉之玉爲借字，卽魂之義，是以顯國玉者，卽現國魂之意義。又海山亦有精神，神代史中稱前者爲山津見神，後者爲綿津見神。按此津見（tumi）與國玉之玉（tama）爲同語，tu 爲接頭詞，mi 爲語幹，乃「實」之義，因之爲魂之意也。由是而論，則日本語之 tama-sibi 與漢語之精神，由同樣之思想而造成之語也。易之繫辭傳中有「精氣爲物」之句，其疏曰：「陰陽之氣氤氳橫聚而爲萬物。」是爲理智進步之學者的解釋，而不言製作精字當時之意義。按精之一字，爲米之實，而靑當依白而作，故其爲稻之實，無疑卽魂也。然則精神之神，爲精之靈妙作用之文字，等於日本語之 bi 也。

夫生氣凝固之魂魄，卽精神之形，依時，依處，依物，而有不同，帶有渾圓形意之時爲多。蓋與草木之果實聯想者。日本語呼魂與玉皆曰 tama，試想像之，則自能了解日本人以靈魂帶有圓意之由來。此種想像，不限於日本，如是，卽在一般國家亦可見此事實。在感生傳說等中，天之氣卽魂氣，降於人之胎內時，其形常圓。例如：鯀之妻吞神珠薏苡而生禹王；般之祖先契之母簡狄，吞玄鳥之卵而生契；鮮卑君長檀石槐之母吞天降之雹而生檀石槐；扶餘祖先東明王之母吞如雞卵之天氣而生東明王；清朝之祖先，其母食神鵲墮下之紅果而生子；凡此之類，皆是也。本論之題目爲珠，故在茲最後舉述如珠而圓之魂之例證，以當結束云爾。

五　金蠶

濱田耕作

近頃歸入日本京都帝國大學文學部之陳列館中，有一細小蟲形之銅製品。長一寸六分五厘，幅一分七厘厚一分五厘左右，全體殘有鍍金，在鍍金脫落處則呈暗褐色之銅鏽。表面有五箇環節，有兩線並行之斷痕，分在四處，底面一端有兩對小脚，中央部相近有脚四對，皆有斷痕。(圖版第一)其製作至爲簡單，雖僅爲一細長之棒狀，但由此形態觀察，卽知爲蠶（bombyx-mori)形也。縱然其環節數不及實物之半，且脚數與位置亦覺曖昧。然在『爾雅翼』中，所謂「喙呐呐類馬」其頭部恰酷似是，皆具有興味之問題也。予輩自此細小單純之作品，固難知其製作年代，惟就其銅色，鍍金色氣，及製作之眞摯等點，以之與其他漢六朝時代之銅製品比較，深信其至少不出此等之時代焉。

著者對此細小之鍍金蠶形，不覺追憶舊事，如彼秦始皇帝之驪山皇陵副葬品中，有此金蠶存在也。此陵在陝西省臨潼縣東南，據『史記』載：

始皇初即位，穿治驪山。及併天下，天下徒送詣七十餘萬人，穿三泉下銅而致椁宮觀百官奇器珍怪徙藏滿之。令匠作機弩矢有所穿近者輒射之。以水銀爲百川江河大海，機相灌輸，上具天文，下具地理。以人魚膏爲燭，度不滅者久之。二世曰：先帝後宮非有子者出焉，不宜皆令從死，死者甚衆。葬既已下，或言工匠爲機藏皆知之，藏重即泄。大事畢，已藏，閉中羨，下外羨門，盡閉工匠藏者，無復出者。樹草木以象山。史記卷六始皇本紀

在此誇張之記載中，何者得信爲事實，固甚難；惟其墳墓構造之偉大，不亞於埃及卻普斯(Cheops)王之金字塔，如始皇帝之爲人，當不難推測也。

史記本文中，雖不見副葬品之詳細記述，惟水經注卷十九中，略謂陵土未乾，項羽即入關發之，役三十萬人，運三十日而不能盡。其副葬品之珍寶中，見有金蠶或銀蠶之物件，載於一二書中。即如：

始皇陵，以明珠爲日月，魚膏爲燭脂，金銀爲鳧雁，金蠶三十箔，四門施徼。三輔故事

郡國志曰：始皇陵有銀蠶金雁，以多奇物，故俗云秦王地市。宋敏求長安志（以上二書據陝西通志所引）

此書所傳，不僅有金銀之差，且可憑信至何程度，不無問題。惟在古昔之有金蠶或銀蠶，則可信耳。

按以金蠶爲墳墓之副葬物，不僅始皇陵而然。在他處亦能發見頗多之例證也。如述異記上記述吳王闔閭之夫人墓中曰：「金蠶玉燕各千餘雙。」而鄴中記，記述永嘉末期發掘齊桓公之墓曰：「金蠶數千箔。」又在安徽省姑熟發掘桓溫之女塚時，有「金蠶銀璽等。」（南史卷四十三齊宜都王傳）又漢劉王墓在廣州府番禺城之東，明崇禎九年發掘之。其文曰：

> 有金人，如翁仲之屬者凡數枚，舉之各重十五六斤。其正處二金像，冕而坐，若王者與后之儀，各五六十斤，地皆金蠶珠貝築之，有鏡一，自發光，燭照暗中如日月。寶硯一，硯池中有玉魚能遊動，其他異物尚多，不可指識。（廣東通志卷二百二十六）

以上所傳，皆爲有姓名之墳墓。此外，復有無名之塚墓中，亦有金蠶。試言其一例，自江蘇省下邳一墓出土者：「有一棺尚全，有金蠶銅人以百數。」（南史卷十六王元謨傳）其在四川省益州，自一古墳之古槨中，有

> 銅器十餘種，並古形玉璧三枚，珍寶甚多，不可皆識。金銀爲蠶蛇形者，皆數斗。（南史卷四十三齊始興簡王傳）

因想像爲周末迄至漢代之墳墓，是以頻聞發見金銀之蠶形焉。且此金蠶之發見，尤惹人注意之事

實，卽在六朝詩中，例如梁何遜之「塼邊見古塚」一題之詩曰：

行路一孤墳。路成墳已毀。空疑年歲積。不知陵谷徙。幾經秋葉黃。驟見春流瀰。金蠶不可織。玉樹何曾蕊。陌上驅馳人。笑歌自侈靡。今日非明日。所念誰憐此。（古詩選卷十六）

以金蠶對玉樹，而敍述甚感慨，亦足資推察其情矣。著者根據上述諸文獻所載之金蠶，深信卽爲今日親見之鍍金物也。

據上述各記事，金蠶或銀蠶，無妨推定其爲周末漢代墳墓副葬品之一種，想在一墓中爲數多寡不一，有數十箔（箔者卽養蠶之簾）者，亦有謂數斗者。就現存之銅質鍍金之蠶形遺品觀之，金蠶原爲銅製，而鍍以金銀者，當能充分推斷之。按此副葬之金蠶，其風俗起於何時，並繼續至何時，固難一一明瞭，惟謂其存在於周秦以來，由上述齊桓公或秦始皇之陵墓，卽能料及，六朝時各家書中，類皆以此爲珍異，蓋此風洎乎漢代，已趨衰滅一途。然則金樓子卷二載梁孝元帝之終制曰：「壙中石屏風，木人，車馬，塗車芻靈之物，一切勿爲，金蠶無吐絲之實，瓦鷄乏司晨之用。」可知必非當時之事實，不過稽古典而爲此解耳。

夫蠶形之模造品，用以副葬者，其理由果何在耶？在漢六朝以前之副葬品中，吾人常見燕雁鳧鷄等鳥形，馬牛羊豕駝狗等獸形，蟾蜍龜魚等蟲類，就中或爲家畜，或爲愛玩動物，或包含辟邪厭勝之意義。惟蠶爲仔蟲之形態，初無何等之美觀也。不過蠶爲吐絲者，由其聯想而尊崇之。夫蠶吐絲一事，實爲中國重大之事件，尤其在周代以降，秦漢之際，盛行養蠶產絹，蓋日本亦於此時經朝鮮而傳入者。（應神天皇朝率領秦氏及中國人融通王之秦民來朝，施行養蠶。）其在周代，天子諸侯，必有養蠶室，后妃妻妾親爲之。其後此風猶傳，漢時祭蠶神苑窳婦人與寓氏公主。是以當時朝廷及貴族，俱親自養蠶，且絹爲中國特產，可知製作蠶形爲副葬品者，所以象徵黃泉世界之養蠶，故埋藏數十箔或數斗之金蠶焉。

中國爲全世界之養蠶先驅者，自黃帝元妃西陵嫘祖，始以教民，由此傳說至今，養蠶爲中國之特產品。即如希臘羅馬所稱之中國國名爲「Seres」或「Serica」，皆緣於中國絹「Sere」之名而發生者也。由紀元前後之際，中國絹輸往羅馬希臘各地頗盛，遂使近代歐洲語中殘留絹語，此乃世界周知之事實。蓋此一方無非暗示東西交通之發達，至另一方爲表示中國周秦以來產絹之大發展耳。然則在此同時周末秦漢之陵墓中，見有蠶形副葬之習俗，豈非頗具興味之現象耶？著者以此中國文化史上一大故事之細小金蠶，陳列於大學之標本室中，誠不勝慶幸者矣。

〔附記〕除本篇所記金蠶一例外，其後京都帝國大學文學部復購入較大之金蠶一個。（圖版第二）又此外所藏者不鮮，就中在中國青島太田氏所藏者，計兩個，茲據關野博士之照相揭於本書之圖版中。（圖版第三、四）

六　胡牀

藤田豐八

中國在古代皆爲平坐，並無若今倚坐之習慣，即以此徵之古代文獻，或一觀後漢所成孝堂山及武梁石室之壁畫，亦能瞭然。且在此類畫中所表現之種種人物，無一人倚坐者。然則至少可謂迄至後漢之際，中國人猶爲平坐。關於此種平坐之方法，記載於古代文獻之文字，略得大別爲居與跪之二種，更可細分爲尻・跪・居・箕踞之四種。

據說文居者：「蹲也。」又該書足部載：「蹲居也。」蓋居即今之踞字，蹲踞之謂也。又論語憲問篇載：

原壤夷俟。子曰：幼而不孫弟，長而無述焉，老而不死，是爲賊。以杖叩其脛。

因「夷俟」蹲踞不出迎，故夷者夷踞之謂；其在後漢書郭林宗傳中記載茅容之事，與同輩避雨於樹下，言其狀曰：「衆皆夷踞相對，容獨危坐愈恭。」由此而知之。按此坐法，如段玉裁所言，足底着地或着席下其尻而立其膝之謂也。

此居卽與蹲踞相似亦似不敬之箕踞也。據史記卷九七陸賈傳記其使於南越王尉他時之事曰：

陸生至，尉他魋結箕倨見陸生。

相傳尉他聞陸生之說，卽「迺蹶然起坐。」以謝陸生，而言曰：「居蠻夷中久，殊失禮義。」此箕倨，在漢書作箕踞，顏師古注曰：「謂伸其兩脚而坐。」然則所謂箕踞者卽尻著地或著席，兩脚前伸之謂。其與蹲踞所差異者，一爲立其兩脚而一爲伸其兩脚。惟所謂伸其兩脚亦不過程度問題，稍伸之卽爲箕踞矣。據晉皇甫謐之高士傳嚴光條中記載，侯霸喞光武之命遣其屬官奉書嚴光時，其狀曰：「光不起，於牀上箕踞抱膝，發書讀訖。」

按蹲踞與箕踞二者雖爲廣行之坐法，惟在有教養之人士間，則斥爲不敬之坐法，試就上述各例觀，卽能明瞭。是以中國古代在此等人士間所行之正式坐法，卒爲跪與跽二種。據釋名卷三跪者「跪，危也，兩膝隱地，體危倪也。」卽所謂兩膝着席上體聳起之坐法。而說文則謂：「拜也，从足危聲。」段玉裁疑之，謂當曰：「所以拜也。」然則究以何者爲正。又說文中除跪字外，復有跽字，各本中言「

長跪也。」段氏則以之改作：「長跽也。」據史記卷九十范雎傳，范雎入秦見秦王條載：「秦王跽而請曰：先生何以幸教寡人？范雎曰：唯唯。秦王復跽而請曰：先生何以幸教寡人？范雎曰：唯唯。若是者三。秦王跽曰：先生卒不幸教寡人邪？」而其索隱中曰：「跽其紀反。跽者長跽兩膝被地。」蓋段氏卽本此。

●按此跪與跽雖皆兩膝着地或席，掀尻聳體，惟跪乃「首至手」之拜狀，而跽則非拜也。因此而有所謂長跽之稱。至於跽之非拜，據范雎與秦王問答之後，曰：「范雎拜，秦王亦拜。」由是而知之。夫跪與跽二者之原義，原有如是之區別，但通常用作同義者多。再毛詩中有與跪字同義之啓字，例如小雅四牡：「不遑啓處，」采薇「不遑啓居，」與「不遑啓處」同意，出車亦作「不遑啓居」。毛傳釋之曰：「啓跪也，處居也。」此單爲文字之差別，內容則相同。又此居字卽凥居者俗字也。

按凥字，據孝經：「仲尼凥，曾子侍。」說文：「凥，處也，从尸几，尸得几而止也。孝經曰：仲尼凥。凥謂閒凥如此。」又：「處，止也，从夊几。夊得几而止也。」洎乎後世，乃誤以凥爲居，而居則加足作踞，其在古代則不然也。夫凥之尸爲人，此字卽人凭几而坐之會意。至於凭字，乃從人依几而生，故說文謂：「凭，依几也。」几之小篆作几，乃象形也。後世加木旁作机。然則中國古代凭几而坐者，卽所以表示閒居之形狀而「仲尼凥」者，卽作如是解耳。又說文：「牀，安身之几坐也，从木爿聲。」蓋古代之中國人，凭几而坐於牀上。惟徐鉉本「以安身之几坐也」一句，改作「安身之坐者。」坐而凭几，凥字之形甚爲明瞭，故其意義無大差也。原來，說文之解釋，實不完全，在安身之內包括坐臥者，終覺欠明晰。是以在漢末魏初劉熙所著之釋名卷六曰：「人所坐臥曰牀。」不過牀本專供臥者，自漢起，始坐臥兩用焉。❷

於凥字之外，與此意義略同者，復有一坐字。說文謂：「㘸止也。」其古體作坐，得會意其爲人席地而坐也。然則所謂凥或坐，乃對於起或臥之汎稱，似無一定之坐法。而段玉裁於說文解字注，居字下註曰：「跪與坐皆厀著於席，而跪聳其體，坐下其脽。」按厀卽膝，脽卽尻，是其所謂坐者，與凥具有同一之意義。由此以觀，坐卽凥，乃膝著席，卽上腿與下腿相並之坐法，故與日本人之正坐相同。試觀孝堂山及武梁石室之畫像，卑者之坐法，有跪坐，有跪拜，又有下尻而與日本人之正坐相同者，往往見之；尊者有膝組（交膝而坐，卽盤坐），亦有如我等日本人之正坐者。此膝組在中國古代，未有特別之名稱，但由其尻着席一點論，想卽居（踞）之一種也。❸又與日本人之正坐相同者，乃爲跪之一種，即跪或踞乃表示恭敬之意於一時，苟歷時稍久，則自然所趨勢非下尻不可矣。因此，恭敬之人行此坐法。例如上引後漢書郭林宗傳所載「容獨危坐愈恭」之危坐，蓋亦同此；又該書卷六七郭躬傳所載「桓帝時汝南有陳伯敬者，行必矩步，坐必端膝。」之端膝，想亦屬此耳。其最顯明者，爲該書向栩傳所記：

常於竈北坐板上，如是積久，板乃有膝踝足指之處。

此與三國志魏志管寧傳之裴注引高士傳而曰：

管寧自越海及歸，常坐一木榻，積五十餘年，未嘗箕股，其榻上當膝處皆穿。

殆相類耳。（按漢魏叢書本中之高士傳，以箕股爲箕踞。）又晉書卷六六陶侃傳亦記曰：「終日斂膝危坐」，而梁書卷三三長沙嗣王業傳中，述其弟藻之爲人曰：「性恬靜，獨處一室，床有膝痕。」是以其在中國古代之正式坐法，即就周書卷二三蘇綽傳所載：

遂留綽至夜，問以治道，太祖臥而聽之。綽於是指陳帝王之道，兼述申韓之要。太祖乃起整衣危坐，不覺膝之前席。

亦能明瞭。席者牀上之褥墊也。蓋史記所載尉他聞陸賈之言而「蹶然起坐」之坐，亦即此正式之坐法「仲尼尻」之尻想亦屬此也。再此坐法遠及於後世，猶存此遺風，即專行椅式之有淸，而王鳴盛之十七史商榷卷二四中，猶言「今人雖不席地而北方多在牀上坐，謂之盤膝坐，此尙合古禮不伸脚。若南人皆坐交椅，背及兩手皆有倚，無不伸脚者矣。

根據以上說明之坐法，可知古代中國人非坐於牀，即坐於地。是以說文中於牀之外，未舉坐臥家具。（除去其附屬物之几·帷·枕·筵·簀等）蓋在漢以前，此外別無他物也。然至漢末，在劉熙之釋名中於牀之外，復見榻字；據前已引用之「人所坐臥曰牀」下而曰「長狹而卑曰榻。」又言：「小者曰獨坐。主人無二。獨所坐也。」在說文中，則無榻之一字。此非字典之不足，實說文中僅有㒶字，但㒶之解釋「飛盛皃从羽曰。」且此榻字，不見於史記·漢書，洎後漢書始有之。例如徐穉傳記述陳蕃特遇此人曰：

蕃在郡，不接賓客，唯穉來，特設一榻，去則縣之。

又在陳蕃傳記述敬待高潔之士周璆曰：

字而不名，特為置一榻，去則縣之。

再隋虞世南之北堂書鈔（卷一三三）引用謝承後漢書曰：

薛淳為漢中太守，盛夏但坐板榻上，不用席，多坐羊皮，河內高弘為瑯邪相亦然。

迨至後世榻之為用，殆與牀同，惟在當時較牀「長狹而卑」者曰榻，其間自有區別也。是以有此與牀同樣供人坐者，然亦有施於大牀前，用作登牀之具，如釋名（卷六）載：「榻登，施之大牀前，小榻上，登以上牀也。」一切經音義引此榻登作毾㲪，曰：「施之大牀前小榻上，所以登上牀者，因以名焉。」謂之毾㲪，或因毛製，惟北堂書鈔（卷一三四）引吳時外國傳；（蓋交州以南之外國傳？）曰：「天竺出細靡氍毹毾㲪，氍毹細者謂之氍㲪。」又引晉郭義恭廣志曰：「氍㲪、白疊、毛織也，近出南海。」然則氍㲪為白疊布卽木棉布之細者，並可施以種種之色彩或形像。此由引用該書之魏魚豢魏略所謂五色九色，與宋劉敬叔異苑所載百種形像等記錄而得知之。然則榻者，在初係供登降牀之用，惟因為「長狹而卑」，運搬便利之故，爰供坐用，洎乎日後，遂坐臥兩用矣。

再者，釋名中謂「小者曰獨坐，主人無二，獨所坐也。」者，卽前所引後漢書（卷八三）徐穉傳載：「特設一榻。」又該書卷九六陳蕃傳記：「特爲置一榻。」等之小榻。然不問其榻之大小，皆與牀同作坐用，而不若後世垂脚以供倚坐者也。此事就前引管寧之例，或辟淳之例，卽能明瞭。但復有若三國志蜀志卷八簡雍傳中所言：「簡性傲跌宕，在先主坐席，猶箕踞傾倚，威儀不肅，自縱適。諸葛亮已下，則獨擅一榻，枕項臥語，無所爲屈。」可見此人係橫臥榻上而對待他人也。此固例外，惟據以上各例，當能大體想像榻之如何爲用矣。

至若後世倚式之坐法，在一種特殊情況下，並非無之。例如史記卷八高祖本紀記載：

酈食其謂監門曰：「諸將過此者多，吾視沛公大人長者。」乃求見說沛公。沛公方踞牀使兩女子洗足，酈生不拜，長揖曰：「足下必欲誅無道秦，不宜踞見長者。」於是沛公起，攝衣謝之。

此事見漢書卷一帝紀與酈食其傳卷四十三，中惟以「洗足」二字，單作「洗」字。在此所謂：「踞牀使兩女子洗足」之踞字解釋，實非蹲踞之謂。顏師古注曰：「踞、反企也。洗、洗足也。踞音據。」殆卽着尻於牀上，垂兩脚於牀下也。故後世中國畫家以此爲畫題時，輒繪其狀爲垂兩脚於牀下。然則此處所謂之踞者，不外着尻於牀上而已。又據王充論衡卷二六實知篇載：

孔子將死，遺讖書曰：不知何一男子？自謂秦始皇，上我之堂，踞我之牀，顛倒我衣裳，至沙丘亡。其後秦王兼吞天下，號始皇。巡狩至魯，觀孔子宅，乃至沙丘，道病而崩。

此固爲一種附會之傳說，惟此無禮之坐法可證明後漢時已有此踞字矣。他如晉書卷三八平原王幹傳載：

（齊王）冏既輔政，幹詣之，冏出迎拜，幹入踞其牀，不命冏坐。語之曰：汝勿效白女兒，其意指（趙王）倫也。

復見晉書卷九一劉兆傳載：

嘗有人著鞾騎驢至兆門外，曰：吾欲見延世（兆字）兆儒德道素，青州無稱其字者。門人大怒，兆曰：聽前，既進踞牀。

司馬幹，奇人也。劉兆之訪客，謂之「著鞾騎驢」者，卽著胡服之人。在此所謂踞牀，蓋卽據牀垂脚而坐之意。又晉書卷九五王嘉傳中，亦見有：「下馬踞牀，一無所言。」之句，若由所謂下馬一語推察之，則亦許穿著胡服焉。再在唐人之小說虬髯傳中，亦載：

隋煬帝之幸江都也，命司空楊素守西京，素驕貴……每公卿入言，賓客上謁，未嘗不踞牀而見。令美人捧出侍婢羅列。

李靖見之而言曰：「天下方亂，英雄競起，公爲帝室重臣，須以收羅豪傑爲心，不宜踞見賓客。」宛然有酈生見漢高之態。總之，自晉以後踞牀漸多，惟此不妨視爲胡牀之影響。其在當時，對此牀或榻大抵係供平坐之用，縱有此等踞牀垂脚之坐法，亦祇能視作少數之特例耳。④

自魏晉以降，歷代史書中其坐具除牀榻而外，復見胡牀一名。其爲物，如名所示，皆知其由外國傳來者。據後漢書（卷二三）五行志載：

靈帝好胡服、胡帳、胡牀、胡坐、胡飲、胡箜篌、胡笛、胡舞，京都貴戚皆競爲之，此服妖也。其後董卓多擁胡兵，填塞街衢，虜掠宮掖，發掘園陵。

惟此記載似係據後漢應劭之風俗通（正曰風俗通義）者，其在太平御覽（卷七〇六）胡牀條下，引風俗通曰：「靈帝好胡牀，董卓權胡兵之應也。」按權即擁之誤，且似節錄風俗通者。今日所傳之風俗通，固多殘缺，其在隋書經籍志中原有三十一卷，現僅十卷，且其十卷猶不完全。是以此文爲今之風俗通中所缺，惟原本確有此一條也。然則後漢靈帝之時（A.D.168—188）迄至宮掖，猶用胡牀，京都貴戚，皆競爲之，以冀維肖，按應劭與靈帝爲同時人物，基此理由，當足憑信焉。

然在晉書五行志載：「泰始之後，中國相尙用胡牀貊槃，及爲羌煑貊炙。貴人富室，必畜其器，吉享嘉會，皆以爲先。」其在宋書五行志所載，亦略相同，僅泰始之上，冠以「晉武帝」三字而已。固不待言，晉書爲唐時所編纂，而宋書乃梁沈約所著述者也。是以以上兩書，殆皆本於晉干寶之搜神記。見該書卷七載：

胡牀貊槃，翟之器也。羌煑貊炙，翟之食也。自太始以來，中國當之。貴人富室，必畜其器，吉享嘉賓，皆以爲先。戎翟侵中國之前兆也。

按太始，乃前漢武帝之年號，不過上文之太始，因與泰始爲同音，故而誤作，證之晉宋兩書，卽能了然。至此文中所謂：「戎翟侵中國之前兆也。」之一點，觀想毫無疑義可言矣。何以故？蓋戎翟之蹂躪中國，不始於漢，而起自晉耳。然則胡牀由泰始以來，爲中國所尙，所謂：「貴人富室，必畜其器，吉享嘉會，皆以爲先。」者，實係晉人記晉代之事，當足置信。

夫應劭及後漢書與干寶及晉宋兩書所傳，固有不同，但可解釋者，胡牀自後漢靈帝時，始入宮掖，行於貴戚之間；晉武帝泰始以來，益加盛行於貴人富室間矣。實際上後漢書於五行志以外，不復見胡牀之名，後至三國志魏志中，遂見此名。卽武帝紀記載漢獻帝建安十六年（A．D．211）曹操西征，與馬超相拒於潼關時之一條中，裴松之在此注內引曹瞞傳曰：「公將過河，前隊適渡，超等奄至，公猶坐胡牀不起。」又同書卷二十三裴潛傳注中，引魏略曰：「潛爲兗州時，嘗作一胡牀，及其去也，留以掛柱。」又北堂書鈔除上述一條外，更引魏略曰：「蘇則從文帝行獵，槎桎失鹿，帝大怒，踞胡牀拔刀，悉收督吏將斬之，則諫乃止。」而在三國志魏志卷十六蘇則傳中，亦載此事，雖所記略同，惟槎桎則作槎枑，拔牀之上而無胡字。然據何焯所說，在宋本中牀上有胡字。故胡牀自靈帝時起傳入中國一說，固足憑信，最少獻帝時，曹操已用之矣。換言之，胡牀者可認爲由西曆二世紀末三世紀初傳入中國者也。

然則胡床者，究爲何物？固明知係供坐用，但其坐法，則如何？予輩對此，不厭其煩，試將史傳所載之用法，列舉如左：

其在三國時代，據予輩所知者，僅以上三例，迨至晉代，其例漸多。晉書卷四二王渾傳，附載其子王濟之事曰：

王愷以帝舅奢豪有牛名八百里駁，常瑩其蹄角。濟請以錢千萬與牛對射而賭之。愷亦自恃其能，令濟先射，一發破的，因據胡床，叱左右速探牛心來。須臾而至，一割便去。

又晉書卷六五王導傳，附載其子王恬之事曰：

性傲誕，不拘禮法。謝萬嘗造恬，既坐，少頃，恬便入內，萬以爲必厚待己，殊有喜色。恬久之乃沐頭散髮而出，據胡床，於庭中曬髮，神氣傲邁，竟無賓主之禮，萬悵然而歸。

此記載，在北堂書鈔卷一三五，藝文類聚中亦見及，文字略有差池，加載「郭子曰」三字。蓋晉書係據郭子者也。按郭子，在隋書經籍志中記載：「郭子三卷，東晉中郎郭澄之撰。」惜今僅有玉函山房輯本，原本已不傳矣。

又晉書戴若思傳曰：

少好遊俠，不拘操行，遇陸機赴洛，船裝甚盛，遂與其徒掠之。若思登岸據胡牀，指麾同旅，皆得其宜。

再晉書庾亮傳曰：

亮在武昌，諸佐吏殷浩之徒，乘秋夜往共登南樓，俄而不覺亮至，諸人將起避，亮徐曰：諸君少住，老子於此處，興復不淺，便據胡牀與浩等談詠，竟坐其坦率，行已多此類也。

桓伊傳載：

善音樂，盡一時之妙。……王徽之赴召京師，泊舟青溪側，素不與徽之相識，伊於岸上過。……徽之便令人謂伊曰：聞君善吹笛，試爲我一奏，伊是時已貴顯，素聞徽之名，便下車踞胡牀，爲作三調，弄畢，便上車去，客主不交一言。

又在張軌傳附載其曾孫張重華傳中，記述其將謝艾，防敵石季龍之將麻秋時之狀曰：

艾乘軺車，冠白幍，鳴鼓而行，秋望而怒曰：艾年少書生，冠服如此，輕我也，命黑矟龍驤三千人馳擊之。艾左右大擾，左戰帥李偉，勸艾乘馬。艾不從，乃下車踞胡牀，指麾處分，賊以爲伏兵發之，懼不敢進。

又在蘇峻傳中，逑敍峻敗後狀況曰：

（張）健復與馬雄韓晃等輕軍俱走，（李）閎率銳兵追之，及於巖山，攻之甚急，健等不敢下山，惟晃獨出，帶兩步靫箭，卻據胡牀，彎弓射之，傷殺甚衆，箭盡乃斬之。

北堂書鈔（卷一二九）引語林曰：「謝鎮西著紫羅襦，乃據胡牀，彈琵琶，作大道曲。」此文亦見藝文類聚（卷七）（卷四十）太平御覽（卷六九五）所謂謝鎮西者，當卽謝尙。晉書記，謝尙好衣刺文袴，且善音樂，爲鎮西將軍，升平之初，年五十而卒云。但太平御覽（卷五八三）引用此文於胡牀一條下，有：「大市佛圖樓上」七字。

其在北者，如北魏・北齊，在南者如宋・南齊・梁・隋等史書中，亦均見有胡牀之名稱。（惟在北之周書與南之陳書中，則不見及。）茲首自北魏書舉逑之。據該書（卷七一）裴叔業傳附載之裴粲傳中載：

出帝初出爲驃騎大將軍膠州刺史，屬時亢旱，士民勸令禱於海神，粲憚違衆心，乃爲祈請，直據胡牀，舉杯而言曰：僕白君。左右云：前後例皆拜謁。粲曰：五嶽視三公，四瀆視諸侯，安有方伯而致禮海神。

復見該書卷七五爾朱彥伯傳附載爾朱世隆之弟爾朱弼傳曰：

世隆既擒，弼欲奔蕭衍，數與左右割臂爲約。弼帳下都督馮紹隆，爲弼信待，乃說弼曰：今方同契闊，須更約盟，宜可當心瀝血，示衆以信。弼乃從之。遂大集部下，弼乃踞胡牀，令紹隆持刀披心，紹隆因推刃殺之。

又同書卷九九禿髮烏孤傳記曰：

弟涼州牧西平公利鹿孤……遣弟車騎將軍傉檀，拒呂纂。纂士馬精銳，軍人大懼，傉檀下馬據胡牀，以安衆情。

次觀北齊書卷二神武紀下，北魏孝武帝與神武（即高歡）相疑之際，高歡上表以陳忠款，魏帝答之，使舍人溫子昇草詔，子昇逡巡不敢作，而

帝據胡牀，拔劍作色。

又同書卷九武成胡后傳中記曰：

自武成崩後，數出詣佛寺，又與沙門曇獻通，布金錢於獻席下，又挂寶裝胡牀於獻屋壁，武成平

生之所御也。

其在南之宋書中除五行志前引用之一條外，復見南齊書卷二四柳生隆傳載：「昇明元年冬，（沈）攸之反……攸之乘輕舸，從數百人先大軍下，住白螺洲，坐胡牀以望其軍有自驕色。」同書卷三一荀伯玉傳載曰：

世祖在東宮，專斷用事，頗不如法，任左右張景眞使領東宮主衣。……世祖拜陵還，景眞白服乘，畫舴艋，坐胡牀，觀者咸疑是太子。

同書卷三二張岱傳載：

（兄）鏡少與光祿大夫顏延之隣居，顏談議飲酒，喧呼不絕，而鏡靜翳無言聲。後延之於籬邊，聞其與客語，取胡牀坐聽，辭義清玄。延之心服，謂賓客曰彼有人焉。由此不復酣叫。

再，同書卷三九劉瓛傳有如下之記事「性謙率通美，不以高名自居，遊詣人故，唯一門生持胡牀隨後。主人未通，便坐問答。」

梁書楊公則傳載：

大軍至新林，公則自越城移屯領軍府壘北樓，與南掖門相對，嘗登樓望戰，城中遙見麾蓋，縱神鋒弩射之，矢貫胡牀，左右皆失色，公則曰：幾中吾脚，談笑如初。卷十

同書卷八二韋放傳記普通八年，武帝遣放等攻渦陽，時其軍爲魏兵圍困，經苦戰始得擊退。文中述其情況曰：

（弟）洵馬亦被傷不能進，放冑又三貫流矢，衆皆失色，請放突去，放厲聲叱之曰：今日唯有死耳。乃免冑下馬，據胡牀處分，於是士皆殊死戰，莫一不當百，魏軍遂退。

同書卷四五王僧辯傳述湘州賊陸納等圍長沙，坐於壟上臨視築壘，賊望之，識其無備，開門掩出以迫僧辯。文中記其時之狀有曰：「僧辯尙據胡牀，不爲之動。」最堪注意者，爲同書卷五六侯景傳記事。敍其受梁禪，升南郊之壇而行儀式曰：「槖駝負犧牲，輦上置筌蹄垂脚坐。」而同傳猶記：「自簒立後，時著白紗帽，而尙披靑袍，或以牙梳插髻，牀上常設胡牀及筌蹄，著靴垂脚坐。」蓋侯景爲朔方人，或雁門人，本胡人也。

至隋書紀事，足證胡牀爲一般家具中所廣行者，殊堪注意。隋書卷五五爾朱敞傳載：

齊神武帝韓陵之捷，盡誅爾朱氏。敞小，隨母養於宮中，及年十二，自竇而走。……遂入一村，見長孫氏媼，踞胡牀而坐，再拜求哀。

見同書卷八〇鄭善果母傳載：

母性賢明有節操，博涉書史，通曉治方，每善果出聽事，母恆坐胡牀，於鄣後察之。

右舉諸例，首先引人注意者，胡牀之使用，每在戰地、獵場、樓上、船中、屋外等處，普通在人之會客或燕居之一定處所則無之。苟細分之，例如曹瞞傳、晉書戴若思傳、同張重華傳、同蘇峻傳、北魏書禿髮烏孤傳、南齊書柳世隆傳、梁書楊公則傳、同韋放傳、同王僧辯傳等胡牀之記事，則屬於戰地者；魏略蘇則傳則屬於獵場者；晉書庾亮傳、語林謝鎮西條則屬於樓上者；南齊書荀伯玉傳則屬於船中者；晉書王愷傳、同王恬傳、同桓伊傳、北魏書裴粲傳、爾朱弼傳、南齊書張岱傳、同劉獻傳等，則屬於屋外者也。又如隋書鄭善果母傳中之胡牀記事，雖屬於屋內者，但似非每日坐臥一定之處所焉。其與設置於一定處所之牀或榻，情形頗異，蓋此家具較之牀或榻，具有運搬便利之性質也。然則以之代牀榻用一定之處所者，亦非絕無，例如北齊神武紀所載，時爲天子之御坐。又如隋書爾朱敞傳所見之記事，亦充村嫗之踞牀。按牀與榻，未必一人獨坐；一人獨坐時則稱獨牀或獨榻，以非常尊敬之時爲限。三國志蜀志中言簡雍於諸葛亮以下，獨擅一榻，可知其以上則不然，茲再舉述其顯著者一二例於左。據北堂書鈔卷一三三引用晉中興書曰：

中宗既登尊號，百官陪列，詔王導升御牀共坐。導辭曰：太陽下同萬物，蒼生何由仰照，上乃止。

此殆倣效周公以成王爲輔之例，惟牀則非一人獨坐者。北齊書卷十一漁陽王紹信傳載：

行過漁陽，與大富人鍾長命同牀坐。

又如白孔六帖卷十四載：

（劉文靜）唐公踐天子位，擢納言，時多引貴臣共榻。文靜諫曰：今率土莫不臣，而延見羣下，言尙稱名，帝座嚴尊，屈與臣下均席，此王導所謂太陽俯同萬物者也。

上述各例示之最明顯也。（按舊唐書劉文靜傳中改共榻爲共食，惟此與文靜所言不緊合。）又觀武梁石室壁畫中，有老萊子夫婦及文王太姒同牀共坐之圖像。此圖是否與實際情形相符，固成問題，惟此石室之完成，可視爲反映後漢時代之風俗者。要之，牀或榻未必係供獨坐，至若胡牀，由前舉各例觀之，確爲一人獨坐無疑。此即胡牀與牀或榻相異之第二點。

第三，胡牀與牀或榻最大不同處，乃在坐法。就前舉諸例觀，胡牀雖有時使用「坐」之文字，但通常係用「據」或「踞」兩字。縱然如上例，牀亦有時用「踞」字，但終不得不謂之係異例也。反之，至於胡牀，以用「據」或「踞」爲本式，其在一二例中雖用「坐」字，惟僅汎言而已。

夫所謂踞牀，即著尻於床上而垂脚於床下。徵之漢高祖之例，略無疑義。即在太平御覽卷七〇六引用異物志曰：「麢（賓柴二音）狠狀如麋而角向前，入林則得之，角正四據，人因以作踞牀。」亦足參考也。又據字，依說文解釋爲「杖持也」，而釋名則記「居也」。按據與居同音相通，是以居即踞，而所謂踞胡牀，即與據胡牀同義耳。至於用胡牀垂脚而坐，由梁書楊公則傳之「殆中吾脚」一語而知之，其最明顯之例，爲梁書侯景傳所載：「牀上常設胡牀及筌蹄，著靴垂脚坐。」此坐法，爲當時平坐於牀·榻上之人士異常驚奇者。在此常多以筌蹄與胡牀相列載，夫「筌」原爲捕魚器，而「蹄」者乃捕獸器也。關於此物之解說，明方以智通雅卷三四云：「筌蹄謂魚笱與兎蹄也，後人合稱之，遂以名籃。」「段公路北戶錄曰：新州作五色藤筌臺，梁劉孝儀謝太子五色藤筌蹄一枚。按此乃借筌蹄之稱，其實則織藤爲籃也。筌臺又筌蹄之訛也，廣人呼蹄爲臺。」蓋卽編藤作籠，而懸於腰際者。按劉孝儀爲梁人，在漢魏六朝百三名家集中有其集，惟不見此記事，而載於方以智所見之本中。總之，此卽籐椅之起源也。

若是則據坐之風俗，得與後漢末胡牀同傳於中國，而當時所謂胡人，殆與外人同義，除去東夷西羌之外人外，皆屬胡人。若匈奴之餘類既爲胡人，則鮮卑・烏丸・吐谷渾等東胡種族，亦稱胡人，而西域諸國之人，自亦爲胡人無疑矣。然據之中國史傳，關於此等胡人之坐法，迄未見明白傳載之。僅在南齊書卷五七魏虜傳中敍述北魏人之風俗曰：「虜主及后妃常行，乘銀鏤羊車，不施帷幔，皆偏坐，垂脚轅中，在殿上亦跂據」。按魏人，自卽鮮卑。此等騎馬人種，對於屈膝一事，殊爲困難，蓋卽極力模倣漢人，而垂脚之風俗，却難更改。此處所謂偏坐者，卽不坐中央之意，而據坐者，則如使用此字之解釋，據梁書卷五四海南諸國傳婆利條中言其王曰：「偏坐金高坐，以銀蹬支足」。惟既謂之「以銀蹬支足」，則其爲據坐，固甚明也。⑤又魏主及后妃在殿上，亦行所謂「跂據」者，是爲據某物而垂脚昂踵而坐之意，想所據卽胡牀歟？以觀侯景之例，亦可懸揣得之。

後漢書卷一二〇烏桓鮮卑傳，述烏桓習俗曰：「父子男女相對蹲踞。」鮮卑條載：「其言語習俗與烏桓同。」然則鮮卑殆亦父子男女相對蹲踞也。此與三國志注中引用晉王沈魏書爲同一文，則後漢書大概亦據魏書者。然鮮卑之魏人，既有據坐胡牀之形迹，則在此所謂蹲踞，亦應提高推定之卽烏桓・鮮卑除一般人民外，而高貴之人其踞於胡牀，不得一概謂爲踞蹲也。北魏書載與鮮卑同種之吐谷渾，記其英主夸呂之事曰：「夸呂椎髻毦珠，以皂爲帽，坐金師子牀。」試與前條參酌推測之，此所謂坐非漢人之坐法，乃胡人之坐法，卽踞坐也。然則同書龜茲傳謂其王曰：「坐金師子牀。」與波斯傳之「王坐金羊牀。」等，其所謂坐殆皆踞坐，故其所謂之牀，想卽踞牀。在斯坦因氏所發掘土耳其斯坦之廢屋中有椅子及靠手椅子，想亦與此相符也。

其尤感趣味者，胡牀自古卽傳入日本。據古事記所傳神代時，卽有天若日子寢於胡牀之傳說，玆姑置弗論。另據日本書紀繼體天皇元年條中載：

於是男大迹天皇晏然自若，踞坐胡牀，齊列陪臣，既如帝坐。

敏達天皇十四年條載：

物部弓削守屋大連自詣於寺，踞坐胡牀，斫倒其塔，縱火燔之。

（穴穗部）皇子不聽而行，馬子宿禰卽便隨去到於盤余而切諫之。皇子乃從諫止，仍於此處，踞坐胡牀待大連焉。

用明天皇元年條載：

於胡牀亦用踞坐字樣以示爲垂脚而倚之也。按此胡牀復見於太神宮儀式帳・內裏儀，延喜式・江家次第等書中，蓋在日本古代亦爲倚坐法也。

據日本書紀初見胡牀一名者在繼體天皇元年，卽梁武帝天監六年北魏宣武帝正始四年（A.D.507）也。按此胡牀傳入中國，爲後漢靈帝之時，（A.D.168—188）故可謂爲日本係由中國傳入惟此日本名「阿古拉」（此爲日本音卽「踞坐」二字之意——譯者）神代時已見，至少在西紀一世紀前後日本已有此家具矣。因之日本學者遂生種種之議論，甚焉者以搜神記之太始，爲前漢武帝之年號，其對晉武帝泰始之誤，遂亦未加注意。余知識缺乏，全爲門外漢，惟在中國，此器具亦有由胡國傳來者在其以前至少認有行於東胡間之形迹則不覩作由中國傳來者，亦無不妥之處。蓋卽自發源地之胡國（殆爲東胡民族）直接或間接而移入歟？況在神代已有大陸分子，則此說更妥矣。此雖爲一小家具，或卽爲考定日本人種起源關鍵之一耶？

據上申述，所謂胡牀，係踞坐而其坐法爲倚式，已瞭然可信。惟其究爲何物，乃古來一大問題也。中國最初觸及此問題者，爲宋張端義之貴耳集卷下所載，其文曰：「今之校椅，古之胡牀也。自來只有栲栳樣，宰執侍從皆用之。因秦師垣在國忌所偃仰片時墜巾，京尹吳淵奉承時相，出意製荷葉託首四十柄，載赴國忌所，頃刻添上。凡宰執侍從皆有之，遂號太師樣。今諸郡守倅，必坐銀校椅，此藩鎮所用之物，今改爲太師樣，非古製也。」按校椅亦作交椅。又在淵鑑類函卷三八二胡牀條中引用詩話曰：「今之交牀，本自外國來，始名胡牀，隋以讖改名交牀，唐穆宗時又名繩牀。」惟此所謂今之交牀之牀字，恐卽椅之誤。僅隋時交牀一名，爲予輩所未曾聞知者。現據隋書，如前所舉示者，胡牀一名，僅在兩處見及之。又所謂「唐穆宗時又名繩牀」，據宋程大昌之演繁露中載：「唐穆宗長慶二年十二月，見羣臣紫宸殿，御大繩牀。」復在孟東野詩集卷三教坊歌兒中見有：「供養繩牀禪。」與僉詩中：「繩牀獨坐翁」等句。又太平廣記卷一九三引用原化記，以「車中女子」爲題之一條中，亦有此繩牀，此爲開元中之事件，惟因其內有「據繩牀」之句，故唐時之有繩牀，甚爲明顯，然不得謂之始於唐代也。其在北齊書卷三二陸法和傳中已見「無疾而告弟子死期，至時燒香禮佛，坐繩牀而終。」之句，按此繩牀是否與胡牀相同則不明瞭，惟宋王觀國學林卷四言曰：「繩牀者，以繩貫穿爲坐物，即俗謂之交椅之屬是也。」蓋即坐處造繩之椅子。明方以智通雅卷三十四引同話錄曰：「交椅謂之繩牀，敵制也，歐公不御。」最感興味，夫同話錄乃宋曾三異所著，（在說郛陶刻本中改敵制也作「乃〇〇所制」之句）歐公應即歐陽修，所謂敵制大約即契丹或西夏制之意，足證此爲契丹人或西夏人常用之椅子也。蓋北齊書之陸法和繩床，亦屬是耳。

又在宋孟珙蒙韃備錄軍裝器械條中，敍述成吉思汗之儀衞曰：「所坐乃金裹龍頭胡牀。國王間有用銀者以此爲別。」而在宋徐霆之黑韃事略中則謂：「韃主帳中所坐胡牀，如禪寺講席，亦飾以金，后妃等次第而坐，如句欄然。」宋人以胡牀爲交椅，故此胡牀應作交椅解也。

洎乎近代，論胡牀之非交椅較爲詳細者，爲王鳴盛十七史商榷卷二四一書，彼言此乃中國稱人所坐者爲椅之起原，其文曰：

椅本木名，見說文卷六上木部。注云：梓也。毛詩小雅湛露篇：其桐其椅。釋名：椅於宜反，是也。新五代史晉臣景延廣傳延廣進器服鞍馬茶牀椅榻，以椅字爲人所坐呼如倚音。始見於此。宋王銍默記云南唐李後主被虜後，徐鉉往見老卒取椅子相對。鉉曰：但正衙一椅足矣。李主出，鉉辭賓主禮引椅偏乃坐。又無名氏宣政雜錄云：宣和初京師伎者以長竿繫椅於杪，伎者坐椅上。又周煇清波雜志云：紹興十三年再興太學，呂榮義上庠錄投進倡和詩有影妻椅妾語。又葉夢得石林燕語云：殿廬幕次，三省官爲一幕，樞密院爲一幕，兩省官爲一幕，尙書省官爲一幕，御史臺爲一幕，中司·則獨設椅子於隔門之內。又張端義貴耳錄云：今交椅古胡牀也云云。據此諸文，知椅起唐末，而盛於宋，假借木名之字用之。

後斷言曰：

椅非胡牀，張端義誤也。

更擧述三國志蘇則傳之胡牀，「其實已起漢末」之句，引用後漢書向栩傳之板牀，高士傳管寧之木榻，爲危坐不應伸脚之例證，而曰：「若椅則小於牀，不可盤膝，無不伸脚者，知椅非胡牀也。」結果，其論斷爲：「周漢以前，席地坐馮几，寢則有牀，漢末三國，坐始有胡牀……然尚無小交椅，直至唐末五代，始有之。」其意蓋以向栩之板牀，木榻，皆爲胡牀，遂以漢末魏晉南北朝隋唐諸史所見坐用牀榻，悉視作胡牀。不然，則此論難以成立。按榻之初見，在後漢末，惟牀之用於坐者，頗古。前漢之時，稍得認其形迹，且在魏晉南北朝諸史中，明白分別胡牀，牀，或榻等，其用處及用法之相異，已如說明。實際上，椅子用爲坐具之意義者，爲唐末五代頃，惟此決不足否認椅爲胡牀別名之鐵案，而行於中國漢末以降者。再者，關於此椅，在方以智之通雅卷三四中，亦於「倚卓之名，見於唐宋。」一題下，而言曰：「余記唐末小說，有倚桌字，宋黃朝英言：椅木名，棹與櫂通，但當用倚卓。楊億談苑云：咸平景德中，主家造檀香倚卓，俗以爲椅子卓子，宋鹵簿有金倚。」

按交椅，復作校椅。校者，因有欄格之義，故校椅似應解作靠手椅子，惟所謂校椅，僅見於毛刻貴耳集中，其他概作交椅，實則係因其脚交叉而得名，亦猶唐代名剪刀爲交刀之類。（太平廣記卷一二二陳義郎條下）是以胡牀想亦如是，試觀引用太平御覽等類書之梁庾肩吾所詠「傳名乃外域，入用信中京。足欹形已正，文斜體自平。」之詩，（文斜之斜字，在太平御覽之鮑刻內，作邪，惟在漢魏六朝百三名集中之庾度支集，仍作斜字。）⑥曰「足欹」，曰「文斜」，當不難想像其脚之交叉也。至此文字，殆錯畫卽取X之義。其傳入日本之此種椅子，有無背之牀木（猿樂所用者）亦有有背之摺疊椅（僧侶所用者）。雖此交椅不知屬於何種，然在貴耳集曰：「假仰片時墮巾」，而黑韃事略則載：「如禪寺講席」，由此推察，殆屬有背之摺疊椅之類。卽在西洋，如羅馬之 Curule chair，亦具此形，最初爲無背者，後遂爲有背有靠手之椅矣。交椅已如所述，似爲有背者，惟胡牀究屬何種形狀，固猶不明，據蘇峻傳載：「却據胡牀」（如却行之却）以爲防敵之形狀，或許爲有背者。其他則乏明證。又繩牀若從王觀國之說，因係用繩貫穿造坐而得名，（蓋胡牀爲革製）恐與佛家有關，再由此「據」字言胡牀或卽交椅之一種也。苟胡牀爲有背者，則如天若日子所寢（仰臥）之胡牀，當含有返矢中其高胸坂之意義焉。

椅子之在西方，自埃及以至希臘羅馬古卽用之。羅馬人所用之 Curule 形，僅其一種耳。果若椅子係由西方諸國傳入中國，則最先傳入中國者爲何種形式？現觀斯坦因氏在土耳其斯坦發掘之普通椅子及靠手椅子，雖其時代不明，然可信其爲相當之古物也。此等普通椅子或靠手椅子之傳入中國，首先爲 Curule 形椅子者，何故按胡牀之傳自西方，想爲何人不得不懷疑之疑問也。但若以此椅子係經中國塞外遊牧民族之手而傳入中國時，則此疑問當卽冰釋。按 Curule 者，原由拉丁語之 Currus（卽車）而來之文字，因此椅子，載車運搬方便，爰得此名。故在中國塞外逐水草移轉，且具有騎馬習慣之人民，以此爲恰好之坐具也。蓋因運搬方便，且毋需屈腿之故耳。因此，此椅傳入中國，猶不失其本來之性質，以之使用於軍陣旅行；又如魏略所載裴潛之淸廉一例，謂其去任不帶胡牀者，蓋因便於攜帶之故，否則此記事無何等意義矣。

要之，胡牀爲 Curule 形狀，卽摺疊式之椅子。此種之椅傳入中國，係經塞外遊牧民族之手而來自西方者也。

在此猶當一言者，爲机及桌二物。前已略一言之，几者，原爲坐時人所凭者。而机者，本木名，據說文，「机，机木也。」山海經云：「單狐之山有机木。」與几席之几，毫無關係。然此字突然於三國志魏志華歆傳發見之。（王氏十七史商榷卷二四）王鳴盛雖視爲几之製作上的變革，但魏志華歆傳所謂机字，係見於明帝諭歆詔書中之机筵，爲連續之文字，其與几筵，初無若何差異也。總而言之，用机字於几席此爲開始，其製作用法於魏晉間，亦漸次變化。如晉書（卷三六）張華傳載：「雅愛書籍，身死之日家無餘財，惟有文史溢於机篋。」同書（卷六二）劉琨傳曰：「賓客滿筵，文案盈机。」然則揆其當時之机，與僅爲人凭之几有異，乃供堆積書籍文書之用，因之其形狀似亦較几爲大，但在當時正式供人坐者，爲榻或牀，是以在製作上論，當無任何大改革也。

然隋唐以降盛行胡牀，即家庭間亦多用之，迨入唐末五代，除胡牀外，復用倚子·椅子，在机之外，發現卓字·棹字·桌字等，宋時通俗呼椅曰椅子，呼卓曰卓子云（方以智通雅）。因此，其形式亦不得不加以改變，結果遂發生八人共坐同食之所謂八仙桌等矣。

〔註〕

❶段氏在說文各本中改「長跪也」爲「長跽也」，而索隱亦作「長跽也」。惟莊子內篇人間世謂：「擎跽曲拳，人臣之禮也。」陸德明音義於跽字引說文云：「長跪也」，似未及改。

❷按牀之供作坐用，雖云起自後漢，但在前漢亦不得謂之絕無。例如漢書（卷六十四上）朱買臣傳記其怨張湯之事由曰：「湯數行丞相事。知買臣素貴，故陵折之。買臣見湯，坐牀上弗爲禮。」

即是也。

❸夷或夷踞，蓋即此。後漢書章懷注中，以夷踞之夷，注作「平也。」

❹按漢高踞牀之踞，亦有以爲視作蹲踞而無不妥者，（踞牀洗足一文，復見於漢書黥布傳）惟若是解釋，實覺其不穩當。故顏師古亦以此踞字注爲「據也。」且漢書卷四十張良傳曰：「從東擊楚至彭城。漢王兵敗而還。至下邑，漢王下馬踞鞍而問曰。」此踞字，自應解作據，而不應視爲蹲踞也。又同書卷五十汲黯傳記載武帝敬憚汲黯之狀曰：「大將軍青侍中，上踞廁視之，丞相弘宴見，上或不冠，至如見黯，不冠不見也。」如淳雖謂此廁曰：「溷也。」然孟康則謂之曰：「牀邊側也。」顏師古曰：「如說是也。」而劉奉世乃以孟說爲是。予亦以此爲當。惟不問何說，此踞皆非蹲踞之義也。

❺按此坐法，在燉煌千佛洞之畫像中，其例甚夥。

❻按邪與斜通。司馬相如上林賦「邪與肅愼爲鄰，」顏師古曰：「邪讀爲斜。」大概庾肩吾之詩，原本作邪，而後人改作斜。予在本文中，以日本式之正坐，即中國之危坐・端膝・斂膝，其與「孔子尻」之尻相同，惟此猶有若干可疑者，按尻固爲人凭几之意，然對於其身體下半部之如何形態，則

不明瞭。是以在閑居時，而行此形狀者，恐未必卽爲日本式之正坐。況由東方朔非有先生論：「吳王瞿然改容，捐薦去几，危坐而聽。」之文觀察，危坐至少須去几，則明甚也。惟危坐復有與跪用作同一意義者，則此危坐卽跪字意，恐孔子閑居之尻，視作日本式之正坐，亦無妨也。總之予所舉坐法一種之尻，或坐乃日本式之正坐意義，未必僅拘限於尻之原義也。

「胡牀」補遺

予輩前在東洋學報上發表「胡牀」一題之小論文，原係東洋史談話會之演講稿，文中遺漏頗夥。前以胡牀斷定爲 Curule 形，卽摺疊式之椅子，至其論據，諸史中所見者，有此坐具之用法用處，及梁庾肩吾之詩句等，惜仍未能明徹，但此論斷，今猶信其爲然焉。頃者偶閱資治通鑑，見及胡三省所說，愈覺其然，故再誌此，以爲介紹。

據資治通鑑卷二四二唐紀穆宗條記載：「長慶二年十二月辛卯，上見羣臣於紫宸殿，御大繩牀。」胡三省注引程大昌演繁露：「今之交牀，制本自虜來，始名胡牀。隋以讖有胡，改名交牀。唐穆宗於紫宸殿，御大繩牀見羣臣，則又名繩牀矣。」而加按語曰：「余按交牀、繩牀，今人家有之，然二物也。交牀以木交午爲足。足前後皆施橫木而平其底，使錯之地而安。足之上端，其前後，亦施橫木而平其上。橫木列竅，以穿繩條，使之可坐。足交午處。復爲圓穿，貫之以鐵，斂之可挾，放之可坐。以其足交，故曰交牀。繩牀以板爲之，人坐其上。其廣前可容膝，後有靠背，左右有托手，可以閣臂，其下四足著地」此等指胡牀卽交牀而下精密說明者，別未見及，而以此文最爲明瞭。惟胡三省謂繩牀係用板作，後有靠背，旁有托手，純爲靠手椅子，與胡牀卽交牀之製作，完全相異也。胡三省所言乃目擊之談，殆不致有誤，但此乃元代之傳說，其在宋代以前，縱然有繩牀一名，或如宋王國觀學林及宋程大昌演繁露之所傳，然終以交牀坐處係用繩製者，始稱繩牀也。因此予輩雖在今日，尙以爲胡牀坐處本以革製，後用繩製，而發生繩牀之名焉。然則對於坐處以板爲之，有靠背與托手之靠手椅子，在元時何以名繩牀耶?若胡氏所傳無誤，則此靠手椅子亦係襲用交牀一名繩牀之古名者，別無解釋也。蓋在當時，有古來之摺疊椅，復有板坐之靠手椅子，前者巳名爲交牀，而後者爲欲與前者區別，故用交椅別名之繩牀以爲稱，除此以外似無再可解說者。

七　提瓶

濱田耕作

一　日本之提瓶

自日本古墳發見所謂祝部土器（或稱作齋瓮，朝鮮式陶器等之一類）中，其形式最有趣之一者，卽爲提瓶。至言此提瓶之何以有趣味？按此種形式之土器，不獨日本有之，他如朝鮮，亦有完全同質之新羅窰土器，更由東洋以至歐洲諸國，自古卽用之；且經中古而迄至現代焉。雖數少而分布甚廣，其形式有惹人興味者。竊不解此提瓶何以廣布於世界各地？提瓶是否有歷史的系統之因緣？故就此諸問題，一試考察之。

首先敍述日本與朝鮮之提瓶。瓶高六七寸，普通爲前後扁平體，一面膨脹，一方平坦，頸部開口。攜帶時，以平坦一面接近身體。在口之兩側，與壺體之上面各附一耳。此乃穿之以帶而掛於肩上者，試觀今日士兵所攜之水瓶，則無論何人俱能聯想及之也。惟瓶耳初爲環狀（第一圖1）、退化而成鈎耳（第一圖2）、或爲瘤耳，（第一圖3）、終至完全消失（第一圖4），由此形式之變遷觀，殊饒興味。因此器物係容納如水酒等液體，而攜帶使用者，由土俗上之事實考之，絕無疑義可言。

但此陶製之提瓶，是否卽以繩縛於瓶之裸體上而提之，試觀今日金屬製之水瓶，多用呢布或他物裹之，且對於保護脆弱之土器時，則以藤·或竹·編製爲籠而納瓶於其中，由此想像，洵屬當然。此種意見已由哥蘭特氏言之矣。然此種實際之證據，在日本今日，猶未明瞭。僅在朝鮮慶州古墳之出土品中有一瓶兩面平坦無耳，側面有格子狀之深印，（第一圖5）蓋此格子之紋，乃模擬所盛之籠而刻劃成之者也。彼既有籠盛之，當然卽於籠上加帶以便提攜，而土瓶本體上之環耳，成爲無用，自退化而爲瘤耳，或竟消失矣。

按此提瓶以發見於日本之古墳中者爲多，其在朝鮮出土者甚鮮，除前記慶州一例外，僅聞全羅道羅州一度發見之而已。至於銅製模形之細小遺品，卻見於慶州芬皇寺塔內之石函中，甚饒興味焉。（第一圖6）、又日本石器時代之繩紋式土器，縱形式變化孔多，但猶未見及此種提瓶之形狀，他若在彌生式土器之種類中亦未見及。蓋因此等原始的土器實際上甚爲脆弱，且水易浸透，使不能達成提瓶之目的也。

二　亞細亞諸國之提瓶

中國在漢代已有一種銅器所謂匾壺者，（第二圖1）酷似此種提瓶。復有模倣此式樣之瓦器，如旅順附近出土者，卽其一例。（第二圖2）上述二器兩側皆平坦且無耳，瓶底附有矮座使位置安定。至其用途想與提瓶同，乃毋需疑惑者。按此種匾壺形式之在中國，迄傳至唐宋以後之陶器，玉器，玻璃器等，卽有淸康熙乾隆時代之陶器，亦受其影響。霍蒲遜氏於其書中揭載唐代之物，爲忍冬蔓草之花紋，并刻有西洋風味童子吹笛之浮彫，甚饒趣味。（第二圖3）其在中國現今猶使用此匾壺式之大提瓶，乃余前在北平時所實見者，亦旅行中國者所周知者也。卽在日本尙有木製之精巧細工具此類之形式，如京都等處今仍製作以供觀劇看花之攜帶，亦余所實見者。

亞細亞西部古代巴比倫有附耳之提瓶，而無中國式之瓶底附座，此哥德范氏所掘得者。（第二圖4、5）此國所受埃及希臘之影響，可於以後時代之土器認識之。而余所注意者，中世回教各國，亦有中國風味之附座的華麗陶器，於其上略具中國式之裝飾焉。（第二圖6、）至於廣大之亞細亞，凡古代遺品或現用之土俗品，使用提瓶之處，想必甚多；惟就上述諸例推察，已足證其分布頗廣，自遠東而亙及近東矣。又此種土俗品，在蒙古喀爾墨克（厄魯特）族中，有革製之「波爾脫格」，鳥居博士曾援助台尼克爾氏介紹於我輩，茲特記之。（第四圖1、）

三　歐洲諸國之提瓶

予輩對於亞細亞諸國若是廣佈之提瓶形土器，更行於西歐各地之事實，甚堪驚異。蓋在埃及，第十八王朝至第二十王朝時之陶器或玻璃器等，顯現此等提瓶形式。其傳於意大利愛特魯斯基間者，由韋爾奇之「伊西的墓」與駝鳥卵等一同發現，為考古學者所驚，其器之橫側面，寫有埃及之繪文字焉。（第三圖1、）再自意大利愛特魯利亞起土器之外，青銅提瓶，發見於各處。例如科爾納脫窪爾的爾拉諸遺跡皆是。此等俱為長頸附耳環器，體上表現幾何學之花紋。（第三圖2、）

在居伯羅島古代土器中具有此形式者，已如哥蘭特氏所指出；（第三圖4、5、）惟在希臘陶器中所謂「Alybalos」之形式，普通非扁平，惟見其變種者則爲扁平而作圓輪狀。至其用途與意義，殆與提瓶相同。（第三圖3、）

按提瓶一名，在英語謂之巡禮壺（Pilgrim bottle），古英語中則謂之「Costrel costerel」，歐洲諸國用之甚久。卽在意大利第十五世紀至十六世紀文藝復興期亦盛作之。至在近時，英國鄉間秋收時尙用之，其製作陶器及其他材料之有趣者爲革製之物。（第四圖2、）其在法語總稱此類之壺曰「Flacon」，爲平圓形，有鐵鐶，附以頸．耳，爲十五六世紀時鄉間所用，特謂之「bidon」，其他則有「Catine」「bibelon」「Flagon」「Gourde」等名稱。其中如「Gourde」一名，固不待言係來自瓠瓢之語辭者。德語亦與英語同，呼作「巡禮壺」（Pilgerflache）。蓋「巡禮壺」一名，由中世巡禮者掛於腰際而來。按「Flacon」或「Flagon」等稱，謂爲由拉丁「Flasco」（壺）一語而生，惟亦有謂係起源於「扁平」（Flat）語之說。若果以此爲得正鵠時，則自係由扁平形之提瓶發達而來也。

四　提瓶一源論

上述由日本・朝鮮古墳所發見提瓶之形式，不僅遠東之島國爲然，即在中國頗古之際，業已存在；且在西亞由紀元前行之更廣佈於西歐諸國，迄至現代猶有使用之者。此爲予輩目前採得若有博引之暇時，則其例證，當益豐富。

然則在此成爲問題者，就此提瓶一器物之形式言，世界各國出自一源乎？抑各地獨自發生乎？苟欲明答此問題，殊感困難，蓋學者思考之傾向不同，而其主張亦異。如彼英國曼徹斯他之賚瓦斯，義律斯密等一流學者，皆提唱此一源論，余以爲此種特殊之器形，乃由便利之器形，偶然發生於各處者，其大部分乃由一源而移行於各方也，似較爲妥當。固然西亞巴比倫之物與埃及或居伯羅之物有關係，至意大利愛特魯利亞之物，亦不得謂非受埃及之影響也。回教諸國之提瓶，其爲承襲巴比倫以來之傳統乎？抑由中國西漸乎？要之，既不得忽視此種系統之傳播，則想像中國或日本之提瓶，孤立其間，深感不妥；恐日本之提瓶，係胚胎於中國之扁壺也。而中國之扁壺，則與西亞接觸，其分布狀態，或係經過北方游牧人種土耳其，蒙古族之媒介者，不難懸揣之。

但吾人不得不考察之問題，爲與此提瓶最有親緣關係，且同樣分布於世界各地者，卽所謂「橫瓮」是。玆簡單述之於左。

五　提瓶與橫瓮

橫瓮卽日本所謂俵壺（barrel-shaped jar）在日本或朝鮮之古墳中屢屢發見之，尤其在朝鮮，關於在頸口部有鈎形裝飾者，予輩已於他處論之矣。（慶州金冠塚與其遺寶上册）惟此橫瓮，與中國缶之銅製者具有親緣關係，且與匈奴之服匿有關，實則此器形乃居伯羅從歐洲之陶器玻璃器之樽形壺傳來者也。其間當注意而有趣味者，此橫瓮之形式，如提瓶之附有提耳也。試舉一例，由越前坂井郡加古山古墳中發掘之俵壺，兩端平坦附兩大耳，故不難推其用途正與提瓶相同（第五圖1.）又在西洋者，意大利庇里尼斯特（Praeneste）發見有名之「Ficolonian銅奩（Cist）」上有細刻之畫，爲阿爾哥號船內有一阿爾哥腦脫青年自船梯下降，左手捧籠，右手則顯然攜此提瓶式的橫瓮（第五圖6、）有此兩例證，明示吾人不扁平之樽形的橫瓮，與提瓶之存在，及橫瓮與提瓶爲關係深切之器物，不待言而決矣。

然橫瓮一物，在日本舊時名曰「保止支」（缶）本係發源於獸皮製之水袋，而此「保止支」一語與朝鮮語之「帕湯藝」，出於同源，又「帕湯藝」與「保止支」爲滿洲蒙古語「猪」之義「朴通」有關，以猪皮作水袋者謂之「朴通」，轉而成「保止支」「帕湯藝」，宮崎法學博士，鳥居，白鳥兩文學博士皆早倡導之矣。（史學雜誌第十七編及第十八編諸論文）然中國銅器之缶，匈奴之服匿，高麗之服席等，皆與此語有緣，蓋由革製水袋進而使用其他材料以造成此類器具故也。此種耐人尋味之學說，在今日日本之學界中，皆深信之。

六　提瓶橫瓮同源說

再者，提瓶之爲革製者，證之前舉喀爾墨克蒙古之實例與西歐土俗器，即能明瞭。至由日本古墳所發見之土器中，有模擬革袋縫樣之陶壺，由此種水容器，吾人乃知當時曾用皮革製者也。（第五圖5、）惟此模擬皮袋之土器，其形非如提瓶之圓整，反近於三角形，亦無提耳；由此種革袋形狀，吾人決其不能變爲提瓶也。此可證明一方日本有皮製水袋之存在，一方却暗示日本輸入他處發生之圓形提瓶焉。是以余以爲日本國中提瓶非由皮袋發生者——此言當否——而在他國却由皮袋發生。且其本源與同樣由皮袋發生之橫瓮，深信其有骨肉之關係焉。蓋欲以貯藏多量液體爲主，不以輕便爲目的之大號圓皮袋，或爲野獸自然形之皮袋，如亞述之聖拿基烈（Sennacherib）王宮址之浮彫中見有懸掛於天幕內者，（第五圖4、）或見於朋培（Pompeii）與希拉克略紐姆之壁畫上者，（第五圖5、）皆可發達而成橫瓮形，或如正倉院胡樽之角形器物。反之，目的在便利旅行攜帶之扁平小形皮袋，例如所見日本之皮袋仿造壺，尤其是如喀爾墨克蒙古者，則逐漸進化而爲提瓶焉。惟由此同樣革袋分出之兩種器形，其後兩者之間復發生關係，即橫瓮之圓形亦附提梁，以作提瓶之用。（且此際反不若視爲充作手提之用者）惟法語以（Gourde）一名呼提瓶者，未必提瓶之形由瓠瓢出，殆因其同爲利用攜帶液體之具，故連類而稱之耳。

要之，提瓶與橫瓮廣布於世界中，各有特殊之土器形式，至於俱由獸皮發生一節，不僅爲殊有興味之事實，且日本之提瓶，其起源果遠在大陸諸國時，則更感興趣矣。惟欲探究其本源，在今日確非易事，殆可由獸皮豐富處，且騎乘攜帶時無破損之虞，而必需物質的水容器之游牧北方人種間求之。惟人類征服動物界，以動物皮革及其他部分（腸・骨・角等）利用爲其生活之必需品，（此外以獸皮爲衣服，復用作水上之浮袋，或以之爲飲器，而與獸角共同使用。）就此一大事實之發現而觀，其世界分布的理由，愈引人深趣矣。

八　舞樂之渾脫

羽田　亨

在日本所行舞樂之中，多知有所謂渾（又作褌）脫之樂者，豐原統秋之體源抄，以此爲林邑之樂，因林邑之僧佛哲而傳流。但視此爲林邑樂，甚難憑信，與其語義同爲攻究之問題也。

日本之舞樂，原由中國或經中國而傳來，固不待論。然則在中國之書籍中，見及渾脫一名者，據個人所知，以唐名臣長孫無忌所記爲嚆矢。新唐書卷三十四、五行志中：「大尉長孫無忌以烏羊毛爲渾脫氈帽、人多效之，謂之趙公渾脫。」記爲服妖之一。所謂渾脫氈帽，果爲渾脫之氈帽歟？按渾脫及氈帽，皆不明瞭，惟渾脫一語，據個人後述之想像，此時可作渾脫之氈帽解焉。若是，因長孫無忌開此流行之端，而渾脫氈帽具有異樣之特徵，惟最初用作一種舞樂之帽子，遂稱此舞爲渾脫舞。卽見舊唐書卷百八十九下，郭山惲傳：「中宗數引近臣及修文學士，與之宴集，嘗令各效伎藝，以爲笑樂，工部尚書張錫爲談容娘舞，將作大匠宗晉卿舞渾脫。」又見通鑑唐紀二十五，中宗景龍三年二月壬寅，一條下記此事實之胡註曰「長孫無忌以烏羊毛爲渾脫氈帽，人多效之謂之趙公渾脫，因演以爲舞。」可見在此景龍三年中宗宴集之際，表演被渾脫之舞其實以前巳流行於世間，而當時憂國之士，爲之顰蹙。唐會要卷三十四所載，神龍二年二月呂元泰之上疏云：「比見都邑城市相率爲渾脫，駿馬胡服名爲蘇莫遮旗鼓相當軍陣之勢也，騰逐喧譟戰爭之象也。……胡服相效非雅樂也，渾脫爲號非美名也。安禮義之朝法戎虜之俗，以軍陣之勢，列庭闕之下」云云。此上疏復附載於新唐書卷百十八宋務光傳末之呂元泰上書中，惟此處則記：「比見坊邑相率爲渾脫隊，駿馬胡服，名曰蘇莫遮。」文字略有差異，若彼此相補足則略相同。（惟後者於文末混記呂元泰其他之上書）由此可知在神龍景龍時代，被渾脫氈帽，身纏胡服，足跨駿馬，騰逐喧譟示軍陣勢之舞樂，流行甚盛也。凡在唐代此時之前後，流行胡旋舞，骨塵舞乞寒戲等各種異族之舞此舞固不僅用渾脫氈帽，然舞者爲異族之舞或效其所爲，依此上書可察知之。

然則渾脫究具如何意義？如葉子奇之草木子，記曰：（卷之四雜俎篇）「北人殺小牛，自脊上開一孔，逐旋取去內頭骨肉，外皮皆完，揉軟用以盛乳酪酒湩，謂之渾脫。」以小牛外皮保存原形，取去其內部之骨肉使成囊，謂之渾脫，或用以盛其乳酪酒湩，但僅以此文，尚不確切。另見南宋遺臣鄭所南之心史所載，其記蒙古之刑罰曰：「斬剮又酷，或生剝罪人身皮，曰渾脫。」參考前引草木子文以解釋此記述，當係活剝罪人身皮，取去骨肉，而留其原形也。此非用以盛乳酪酒湩之類，且其強韌不足以盛物，是以所謂渾脫，並不限於製造小牛之皮革，亦不專以盛乳酪酒湩之類者，凡取去各種動物之骨肉而成囊狀者，皆得以渾脫名之。在明淸時代，亦有使用此名稱者，如李心衡之金川瑣記中：「甘肅隣近黃河之西寧一帶，多渾脫，蓋取羊皮，去骨肉，製成，輕浮水面。李開先塞上曲有不用輕帆幷短棹，渾脫飛渡只須臾之句，但可渡一人，且下體不免沾濡。」而辭源續編之編者則解釋爲：「按渾脫即囫圇殺全羊，空去骨肉，留完皮，乾之，用時吹氣使漲，甘肅謂之杔子，可作渡船。」此爲羊皮渾脫，用作浮袋者。村瀨之熙之藝苑日涉卷四渾脫條中亦云：「又按鞳韃以殺小牛羊爲渾脫。」惟不示其出典。唐代長孫無忌以爲羊毛作渾脫氈帽，當亦屬此類，如「以爲羊毛」之記載，但因有渾脫一語，想係取去黑羊之骨肉，留其皮毛，而用以爲帽者也。明陳士元於其著諸史夷語解義（元史輿服志附錄）中解釋曰：「渾脫，華言囊橐也。」綜合前引之草木子，呂元泰之上疏，長孫無忌之渾脫氈帽等後而言曰：「是渾脫之名，不始於胡元，但前代所指不同耳。」陳士元以唐元時代所指稱之渾脫，各有不同，但如上所述取去各種動物之骨肉使成空囊，而名以渾脫；或爲貯盛酒湩之器，或爲浮袋，或用細小動物，壓之使凹，於適當處切開之，用作帽巾時，俱稱之曰渾脫，並無不可思議處，如是解釋，實不見「所指不同」之理由也。是以個人以爲渾脫一語，由唐代以來，當不外指稱同一類之物者。

如前所引者，辭源續編之編者謂「渾脫卽囫圇」卽毫無殘缺之意，藝苑日涉中言：「渾脫舞者亦蕃語也。」然復言「中國渾脫蓋活脫之轉」卽靈通活脫之義，此說殊難承認。在草木子或心史等書中，表示此語爲蒙古人所用，而屢加說明，由此察知其爲夷語之一無疑。夫渾脫之非漢語，至少在元代時蒙古人用以稱呼如前述所作之皮革袋囊者，至其當時之用途，主爲貯盛乳酪酒湩之類，與此關聯，遂聯念及宮崎，白鳥，鳥居諸博士所論述之日本之保止支，高麗語之服席，秦語之缶，及匈奴語之服匿等。（參照史學雜誌第十七八編所載三博士關於保止支一語之論文。）此等語，屬同一語原，現今朝鮮語之 Patangi 滿洲語之 budung 爾來已認爲定說，在此所述之渾脫 Hun-to（Xun-tat）日本樂書特讀作 Ko-tat 又有與此等之服匿 Fu-ni（Puk-tok）保止支 Potogi 等發音相類似，是值得注意者。或者有人以服 Puk. Buk. 保 P O 等之頭音 B，P，與渾 hun, khun, ghun，之頭音不同，但在蒙古語中 P>H>O 之轉移，乃極平常之事，以匈奴語之服匿，爲唐代以後之蒙古語或其類族語之渾脫，此點並無何種疑義存在。Budun, budung, 保止支等乃用以指稱土製之罎，同時，爲革製之罎甕名稱。參照宮崎博士，鳥居博士之論證，由此點而認兩者相同，並無任何不妥。然在蒙古語呼普通囊橐＝不問爲今日革袋或布袋＝爲 Ughuta (oghuta)。在明本（柯劭忞博士藏本大英博物館所藏本等）華夷譯語中，於此蒙古字之外記漢字爲「呼呼塔」。即 Hughuta 之頭音 H，在近代蒙古語中，脫略不讀。又於其他華夷譯語（紅葉山文庫舊藏本）中，對布袋二字附以「忽塔」之文字。惟其係由 Hughuta 轉而爲 Hüta 者。（參照 J.A.avril-juin,1925P.226）若以渾脫與此語形相當之設想，必更適切矣。尤以如 budung, hughuta, huta 等出於同一語原而相異其形者，但以之列入現今論證中則合一矣。至 Ughuta 一語爲 Ughu，即由「空虛」「掘穴」「使凹」等語而發生。無論如何，渾脫爲蒙古語或其類族語，至遲爲唐代以後，指宰去動物骨肉，保存其皮成一空虛之囊狀而言，同時，對一般之囊橐亦有此稱，此不容疑者。因此所謂渾脫舞，即戴用一種渾脫之帽子，因而發生此稱謂者也。

若承認以上所述，則對以舞樂之渾脫爲林邑樂者，殊難憑信矣。在此，不得不視爲起原於北人之間，或以北人所有之渾脫經唐代設計者。

附記：關於渾脫舞一名稱，綴成此一小篇，而與此當然關聯者，爲蘇莫遮之舞樂名稱，似不得不施以解釋，惟茲以某種事情無暇論及，甚覺遺憾，不得不就此擱筆矣。

九 楛矢

中山久四郎

一 中國文獻上所見之楛矢

先秦時代中國內地使用楛矢之事跡，除「戰國策」卷十八，趙一、所記之外，「韓非子」卷三、十過第十，關於晉陽守備趙襄子與張孟談之問答中亦有如左之記事：

君召張孟談而問之曰：吾城郭已治，守備已具，錢粟已定，甲兵有餘，吾奈無箭何？張孟談曰：臣聞董子之治晉陽也，公宮之垣，皆以荻・蒿・楛・楚牆之，其高至於丈，君發用之，有餘箭矣。於是發而試之，甚堅，則雖菌幹之勁，弗能過也。君曰：吾箭已足矣。

此記錄，與「戰國策」之文，大同小異，「韓非子」所記，原係本於「戰國策」，惟稍覺整齊精細耳。要之，根據「戰國策」「韓非子」兩記載，得知先秦之晉陽，卽今山西省內，使用楛矢之實例，洎乎後於先秦八九百年之唐初，陝西省方面使用楛矢者，如池內博士所引用說明之「前漢書」五行志下之上肅愼氏楛矢唐初顏師古之註曰：

應劭曰楛木名。師古曰晉怙其木堪爲箭笴。今幽以北皆用之，土俗呼其木爲楛子也。

關於此事足供參考之又一史料者，爲宋蘇軾「東坡全集」卷十二所載，其文如左：

順濟王廟新獲石砮記

建中靖國元年四月甲子，軾自儋耳北歸，艤舟吳城山順濟龍王祠下，既進謁而還，逍遙江上，得古箭鏃槊鋒，而劍脊其廉可劌，而其質則石也。曰：異哉！此孔子所謂楛矢石砮，肅愼氏之物也，何爲而至此哉？傳觀左右。（中略）謹按：禹貢荊州貢礪砥砮丹惟箘簵楛；梁州貢璆鐵銀鏤砮磬。則楛矢石砮自禹以來貢之矣。然至春秋時，隼集於陳廷，楛矢貫之石砮長尺有咫，時人莫能知，而問於孔子。孔子不近取之荊梁，而遠取之肅愼，則荊梁之不貢此久矣。顏師古曰：楛木堪爲笴，今幽以北皆用之。以此考之，用楛爲矢至唐猶然。而用石爲砮，則自春秋以來莫識矣。可不謂異物乎。兌之戈，和之弓，垂之竹矢，陳於路寢，孔子履藏於武庫，皆以古見寶，此矢獨非寶乎。

吳城卽今江蘇省吳縣。東坡於其處順濟龍王廟祠下之江上獲得石砮而珍之，引據「禹貢」「漢書」之顏師古註考證解說之。言至唐代，猶用楛矢惟用石爲砮，恰係春秋以來所不識。惟池內博士則根據「魏志」「晉書」「宋書」「魏書」「北齊書」「隋書」「舊唐書」「新唐書」等記事，謂用石爲砮，晉・唐時代人猶知之，惜東坡未加注意而評其治學之不精密焉。此事已於宋朱翌「猗覺寮雜記」卷上（「知不足齋叢書」第三集所載）已簡單評論之矣。又在淸王士禎「池北偶談」卷二十六石砮一項中，介紹朱翌之評論，且述吳兆騫由塞外攜來混同江邊所產之「石砮」事。以非滿洲楛矢之直接記事，故茲不錄，閱者可參閱原書。

總之，有名之蘇東坡於江南新獲石砮而爲楛矢石砮之解說，故抄錄介紹之於前。但稱「新獲石砮記」而不言石砮楛矢記，因「石砮」之爲矢，果係楛矢與否，則不能知，甚覺遺憾。又關於王士禎「池北偶談」之記事，池內博士言其與吳兆騫子吳振臣之「寧古塔紀略」所記事蹟相同。

二　朝鮮文獻上所見之楛矢

其次一述朝鮮文獻上所見之楛矢。萬曆四十二年自序之朝鮮李晬光「芝峯類說」卷二中，有左記一文：

北虜

史記：周武王時，肅愼氏貢楛矢石砮。按肅愼，卽我國北邊胡也。楛矢俗所謂西水羅木，胡人用以爲箭云。五帝本紀註：息愼卽肅愼也。唐虞時已見於中國矣。

楛矢之朝鮮名爲西水羅，亦書西樹羅。據鮎貝翁言慶興地方有西水羅串（岬）之地名，復有以之呼朝鮮之空木（灌木）者。

所謂西水羅串之地名，據「東國輿地勝覽」卷五十，在咸鏡道慶興都護府中「山川」條，有「西水羅串在府南六十六里」至此益佩鮎貝翁之言確實。又同府之「關防」條有「西修羅堡在府南五十七里石築周八百七十四尺高十八尺土兵戍」按西修羅·西水羅·西樹羅等俱係同音同語。至言西水羅串連接串字之地名，朝鮮不乏其例。如「東國輿地勝覽」卷五十，富寧都護府山川條有「穿串」之地名，其說明曰「斗入海中數里，」卽所謂「岬」字之義也。

又「北塞記略」（朝鮮古書刊行會第十五集所收）之「孔州風土記」中，亦載：「西水羅海中有島。」此爲西水羅地名之又一例。孔州即咸鏡道慶源之別名。按此慶源與前記之慶興，俱近於使用楛矢之滿洲，即在北鮮方面有楛矢之朝鮮名西水羅之地名者，決非偶然。

其次，朝鮮李肯翊之「燃藜室記述別集」卷十二兵制條，所記如左：

西北之地，與戎接，即高勾麗・渤海之墟也。古號健鬪，乘不介之馬，徒裼而馳，奮臂而號，木弧楛矢，發無遺鏃，教之則足以爲莫當之卒。故百濟教之以強其國，高勾麗教之以抗中夏。（象村集）

查李肯翊之文章書法，爲一世冠，著述等身。朝鮮自東西南北四色分黨以後，諸家之記述，概偏傾於黨，絕少公平中正之記載。如「燃藜室記述別集」所記，其撰雖異，而有定評。又上引「象村集」之著者申欽，博覽經傳子史，廣通諸科學術，故爲學行純醇，而以能文知者也。但如上記楛矢之使用說明，與百濟及高勾麗之關係，以引用於本論者爲適當。按百濟及高勾麗，固不待言，係由滿洲之扶餘種所發生者。

又朝鮮李暨「松窩雜記」（「大東野乘」第十一册所收）中，載有左記之一說：

中國，乃文明之地也。九州之外，國於四海之陬者，各有其號。南謂之蠻，蠻從虫也；西謂之羌，羌從羊也，北謂之狄，狄從犬也。惟吾東方獨謂之夷，夷從弓從大，乃大弓也，言其善於弓矢而能射也。箕子之所封，俗仁而壽，有君不如之稱，夫子（夫子○孔子）之欲居是也。且其竹箭矢楛，雖中國之廣，獨於荊州之衡山有之，他州無有，故中國之人皆以木爲箭，我國則只於北方不生，而各道皆產焉。弓矢之勁利，士馬之驍健，乃天之所命也。隋煬唐宗，舉天下之兵而來，猶不能得意而去。今之見敗於倭奴而莫敢枝梧者，非弓矢之才不若古也，只緣人心之離叛已久，而諸將之望風奔潰，不能進故也。痛惋痛惋！……勁弓強弩，發無不中，我國之長技，妙於砲丸，慣於槍劍，倭奴之長技也。

在此一說中，雖不言及楛矢石弩，然夷字係由大弓二字構成，且論述與滿洲關係甚深之朝鮮古來擅技「勁弓強弩，發無不中」，尤其關於唐太宗遠征高勾麗於滿洲，而不得志之事，與左記一說相關聯，頗具興味者。

朝鮮李翼之「星湖僿說類選」卷五下器用門一節中，有左記之說：

木弩千步　唐太宗東征，爲流矢所中，目盲，史官諱之。牧隱詩有「誰知玄花落白羽」之句。麗末，必有其文可考，故云爾。蓋弓矢之利，東方爲最。肅愼楛砮，天下爲寶。肅愼卽我東北役屬之國也。然今我造弓非水牛角不強，材産於中國也。其筋膠亦非我國獨有，挽強射遠，又非東方之專能也。北道有木名西修羅，細析浸水，垂之樑而懸之石，待其直而削之，其刃曲而圓削而成，可爲箭幹。有石尖利可代刀削，意有楛矢砮鏃，不過如此。必鈍劣而不及竹幹鐵鏃，此不可曉矣。我太祖常用大羽箭，以楛爲幹，以鶴翎爲羽，必也神勇所爲耳。唐總章間，旁徵弩師於我國，造木弩，射不過三十步。帝云：爾國造弩射千步，今不然何也？對曰：材不良，取本國可矣。取材，而不過六十步。詰之。對曰：臣不知其所以。然木殆過海，爲溼氣所侵歟？帝疑不盡技，刼以罪，終不效其能云。所謂能射千步者，必因東征知之也。今強弓輕箭遠不過數百步，彼傳者未必可信。然太宗處三軍之中，必不躬蹈危地，而非矢能中之，此所以必欲徵師造成也。

（附）〇兵器，（上略）太祖東亭及荒山之擊倭，皆用大羽箭，此神勇所用，不可以常規例之。

據上記一說所得明瞭者，前述西水羅或書西修羅，爲產於朝鮮北道之樹木，可爲箭幹。若配以尖利之石鏃，則爲古代滿洲之楛矢石砮。上文中言李氏朝鮮之太祖，常用太羽箭，以楛爲幹，發揮「神勇」

之妙技，且唐太宗竟爲此流矢中眼，此等俱値得注意者。至於朝鮮太祖長於弓矢之術，如「龍飛御天歌」等所力說者，其第四十七章有：「大箭一發突厥驚倒，」之句，第五十章中復記大羽箭使用之事。

唯牧隱詩所本之史料不詳，是屬遺憾，與唐帝弩師徵召之說俱讓他日研究。惟金昌業之「老稼齋燕行錄」（康熙五十一年，朝鮮肅宗三十八年，從長兄冬至使兼謝恩使金昌集入淸國時之紀行）山川風俗總錄條中，觀察滿洲方面之弓矢事記曰：

弓皆角造，長比我國加五分之二，矢楛幹鶴翎，一箙只插七箇。

及往來總錄十二月初六日條中記曰：

遇一少年，胡衣貂裘，帶弓箭騎騾而過。前後從胡六七人，亦帶弓箭。馬皆駿，問之。卽皇帝近族在瀋陽者出獵云。

以上兩記事，皆直接或間接解說前說，且足窺知淸康熙帝時滿洲族對於弓矢一道之風俗，實爲具有興味之史料也。又老稼齋金昌業之小兄金昌翕，送其弟昌業入燕詩中有曰：「千秋大膽楊萬春。

箭射虬髯落眸子。」此與上記牧隱（李穡）之「誰知玄花落白羽」，詩俱在朝鮮古史傳中敍述唐太宗東征不得意者，惟尚有更行研究之必要。

其次，朝鮮尹廷琦之「東寰錄」（咸豐九年，朝鮮哲宗十年，日本安政六年，有著者之自序）卷二中，有左記之事實：

契丹　後號遼

長白山以北土產

黑龍江口出水花石，堅利入鐵，可作矢鏃。古所稱楛矢石砮者，即此。

靺鞨

魯語云：武王克商，肅愼氏貢楛矢。又云：有隼……此肅愼氏之矢也。

我邦之青海，有古時土城遺址，俗傳肅愼古蹟。又耕民往往得石刀斧石砮於青海之頭，此實肅愼之物，而青海今北青也。蓋肅愼之地，在黑龍江西南，而黑龍江口出水花石，堅利入鐵，可作矢鏃。古所稱楛矢石砮者，即此。

所謂「水花石」之水字，池內博士在「大明一統志」卷八九擧述女直地之土產石砮條中略謂：「水花石」一名之水字懷疑其爲木字，著者亦表贊同；至於花字應作化字，故以水花石，疑爲木化石，當亦不無理由也。

要之以上所言，過覺粗略，惟朝鮮文獻所見滿洲楛矢之記事，較之中國文獻可注意者爲多。蓋以滿·鮮土地相接，物產·風俗·習慣等之類似，比較滿洲與中國之情形爲密切，且歷史的關係亦不淺，尤其如高勾麗百濟，原由滿洲扶餘種發生，可知其關係之深切。再具有興味之問題爲楛矢之朝鮮俗名西水羅，與女眞語之關係如何，姑待他日研究發表之，本篇僅止於此。惟最後一言者，爲宋徐兢「宣和奉使高麗圖經」第十三卷兵器部中，亦記有：

弓矢

弓箭之制，形狀簡略，如彈弓。其身通長五尺，而矢不用竹，多以柳條，而復短小。

可知在朝鮮固然不少使用竹箭，惟比較上近於滿洲之北鮮方面，弓固不待論，卽矢亦以用「柳條」木材，較之南鮮爲多。此記事對於用楛木爲矢之滿洲楛矢解說，當有若干參考之價値，故附記於此。

〔追加〕最近誦讀宋杜綰所著「石譜」中，見有題曰「肅愼氏石矢」一條。雖不得左右上說，惟難捨其題目，故介紹之。以補上記蘇東坡石砮記參考之不足。茲以餘白僅少，未能抄錄本文，是覺遺憾耳。

十 長生

孫晉泰（鮮）

一 現存民俗上之長栍

長栍（栍爲朝鮮造字）原爲「天下大將軍」之名，一般人皆知其爲朝鮮民俗之一種。此木者在朝鮮往日到處皆是，及至今日已不多見矣。查此物除呼「長栍」一名外，尙有其他三數稱謂。

❶至其種類可分爲：

（一）由物質上分類可分爲木長栍，石長栍等。

（二）由性能上分類可分爲里程標的長栍與守護神的長栍等。

（三）由所在地點分類可分爲寺院的長栍，邑村洞口（入口）的長栍，境界的長栍，路旁的長栍等。

概括說明之長栍上部彫刻人類面目，此點與普通之木標及石標不同之處。且長栍通常均建立男女一雙，互相對立。若言木長栍，普通爲松木製造，彫刻將軍面貌，若係男偶則頭上或加刻一冠，在木身前面墨書或彫刻「天下大將軍」與「上元周將軍」等字樣，若在女偶則除頭上不刻冠外，亦在木身前面墨書或彫刻「地下大將軍」「地下女將軍」或「下元唐將軍」等名目。其在大路旁與郡界處之長栍，復以木偶當地爲起點，將前後左右四週之邑村名稱及其距離，一一記載之。例如東距某郡幾里，南距某洞幾里等，蓋卽里程標的職分也。其他與里程標無關係而純爲村邑中守護神之長栍，不僅不記里程，有時連「天下大將軍」「地下女將軍」等字亦全無之。復據友人釋徒張道煥君言，慶尙南道寺刹洞口所建之男女木偶身上，均書「大伽藍守護神」六字。習俗亦稱長栍。至其面貌雖大體類似，然無一定形式，或則頭上刻冠（限於男偶）或者兩者俱無冠，間有男偶全身爲丹色，女偶爲青色者。至其形體之大小與彫刻之精粗，俱由建立者之便，並無一定。普通言及長栍，卽聯想其爲木偶，而知此外尙有石長栍者實不多。據增補文獻備考卷二四，輿地考道里一項中見及黃海道延安與海州之間，有石長栍之里名，想必因石長栍而得名，現今是否存在，著者不知其詳。惟於昭和七年六月在平北熙川發見一石長栍，在距熙川橋數里之路旁，初見疑爲墓碑，上部粗刻人面，惟毫不像將軍面貌，其正面陰刻二行爲自威城館南距五里程長栍 大正癸丑春 地名柳洞，於右側兩行之間有陰刻云五里爲日本里半里，並於右側面陰刻「藍董許崔泰郭衡」字樣，左側面刻「通德郎咸祥麟自費立」字樣，此爲大正二年熙川邑現存之物。當地人不以石長栍稱之，或名石彌勒，據傳言，咸座首（即咸祥麟）原建兩尊於威城館左右各五里之處，今已失其一，而此亦已移動，距原位置相去數里之遙。

至言長栍之信仰狀態。其在寺院之長栍，偶有稱作伽藍守護神者，但其信仰意識極薄，未聞舉行何種宗教儀式。他若郡界與路旁之長栍的信仰對象，亦未有以神祀之者，不過爲境界標與里程標而已。就中惟立於村邑洞口之長栍。至今尙有守護神（主要爲災厄疾病）之信仰。其兼爲里程標者，雖非絕無，然可以例外視之。在慶尙全羅道則與蘇塗（立木）爲同性異體之神物，普通洞口並立蘇塗與長栍，正月賽神之際，兩者爲同等之神，同受祭祀。茲舉數例以說明之，全羅南道麗水郡洞口之長栍，決非視作里程標，實與蘇塗同有防備雜鬼守洞神之信仰。其中有男女木偶相向立者，

亦有單獨者，後者特稱爲「獨벅수」(Tok-Pök-su)。正月望夕，農村民衆以禁繩迴繞同一地點之蘇塗與長栍，上供祭物，鳴長鼓、小鼓、鉦、小鉦等樂器，歌舞祭祀。除此種合村的祭祀外，復有個人隨時上供食物，而祈求疾病之痊癒者，復有削取其眼睛，磨成粉末，和水飲下，謂爲墮胎之藥方者。（一九三〇年一月麗水金東建氏談）據慶尚南道東萊郡龜浦之巫女韓順伊言，洞口前所立之男女長栍，非爲里程標，乃以之防備雜鬼雜神之侵入，與蘇塗同有守護一洞（一村）之職分。每年（或三年）正月巫女舉行洞內祭（卽村祭之意，俗曰別神）之際，除主要之山神外，其次當祀蘇塗與長栍。在祭前三日，須撒淸潔黃土（一名禁土）於蘇塗與長栍之周圍，繞以禁繩，以防不淨。祭祀當日則除去禁繩，神前設祭桌，上供祭物，祈禱洞中（村中）之安適泰平。此爲同時對於兩者於同一地點舉行之祭儀也。至於個人，亦可隨時張以禁繩，上供祭物，而祈疾病痊癒。（爲前年夏間所聞。）

以上概述今日民俗上所見及之長栍情況。查此種木偶之稱長栍，係始於稱「장승」（卽長生）之時代。關於村落守護神之長栍，猶未見及確切之記載，惟里程標之長栍，嘗見於高麗史卷八二兵志站驛，金郊道中記有栍谷之驛名。李朝初年成俔之慵齋叢話卷五中云：

仝斯文……一日與斯文尹淡叟自金海還密陽，並轡而話。見長栍則必令卒往審里數之遠近。

又訓蒙字會中卷九丁「堠」字訓爲「댱승」。此等實爲長栍最古之記錄。其次關於寺院之長栍，據明宗實錄卷二五十四年二月辛亥（十二丁後半頁十五行至十三丁前半頁二行）持平柳承善之言曰，

奉恩寺自稱受賜植其禁標，使民不得出入。且江原道有一寺，其前有川梁，自前居民捉魚以食，而今則僧人以爲齋宮不遠，亦立禁標，使不得漁。自古豈有僧人禁獵之時乎。

又同書己未（十四丁前半頁五至十三行）載：

持平柳承善啓曰：臣於前日入侍經席，以山梁川澤事啓達，而伏覩傳教之辭，不勝惶恐！奉恩寺柴場，則臣之妻鄉，乃原州之地。臣自爲儒生往來時，道由楊根月溪之邊，每見長栍立於道上，書曰奉恩寺柴場。而甲寅年臣爲江原道都事，往來亦如之。禁獵則江陵府西有五臺山，山下有川，臣爲其道都事，時適承救荒之命，以便服巡行，偶因日暮投宿於月精寺，寺下有長栍，書曰禁獵，臣怪而問之，野老皆言此川近地居人等自前網魚以食，而寺僧恐其寺中有腥膻之氣，禁之云。此臣乃目覩之事。

上列二則，皆屬江原道奉恩寺立長栍（禁標）於柴場入口之路上，月精寺則立長栍（禁標）於寺下川邊，以示禁採伐柴木與漁獵。至長栍之「栍」字書作「댱승」者，想爲麗末李初以後之事。欲知長栍最古之狀態，自宜考究羅麗之記錄。著者茲先脫離上述之一切先入觀念，於下節專就古文獻中考察之。

二 新羅及高麗時代之長生

據朝鮮金石總覽六三頁，全南長興郡新羅國武州迦智山寶林寺諡普照禪師靈塔碑銘並序之中：

……其山則元表大德之舊居也。表德以法力施於有政，是以乾元二年特教植長生標柱，至今存焉。

文中之長生標柱，與下述各記錄合併想像之，可知其通稱爲長生，是一種標柱（石碑？）也。查唐肅宗乾元二年，爲西紀七五九年，即新羅景德王十八年，普照碑有「中和四年甲辰九月建」字様，故此長生迄於西紀八八四年之建立後百二十五年間，確存於寶林寺，此乃報答元表功德爲景德王所教植者。然則長生一名，在九世紀末葉已見，想此爲長生最古之記錄。又據朝鮮金石總覽第二九一頁梁山通度寺國長生石標之銘記：

通度寺孫仍川國長生一坐段寺所報尙書戶部乙丑五月日牒。前判兒如改立令是於爲了等以立。大安元年乙丑十二月日記。（文中兒字係皃之誤）

又同書第二九二頁密陽郡武安里國長生石標之銘記：

□國長生標一坐，段寺□乙丑五月日牒前□是於爲了等以立□乙丑十二月日記。

上述二長生皆爲遼之大安元年（西紀一〇八五年即高麗宣宗二年）所建立，所謂國長生者，亦爲寺院中之一種石碑。考國長生一名，即國命長生之意。至普通名稱，僅曰長生，例如前述之寶林寺長生，雖爲新羅朝景德王所教植，亦僅曰長生，而三國遺事及其他記載（後敍）中亦然。在李朝記錄中，見及國長生與皇長生之名稱，如東國輿地勝覽卷三五靈岩郡佛宇之記載；

道岬寺在月出山，道詵所嘗住也。有碑，字缺不可讀，寺下洞口有二立石，其一刻國長生三字，其一刻皇長生三字。

文中之皇長生，大約是里長生之誤。❷ 由是觀之，其問題爲：

(一)當時寺院之長生是否全爲教植之石碑？

(二)長生具何種意義而建立於寺院？

(三)每一寺院應建長生若干？

(四)建立長生應以何處爲適宜？

(五)是否僅屬於寺院？

玆就上述各問題考慮之。據三國遺事卷四寶壤梨木條中記載：

釋寶壤傳，不載鄉井氏族，謹按清道郡司籍載天福八年癸酉太祖即位第二十六年也正月日，清道郡界里審使順英大乃末水文等柱貼公文，雲門山禪院長生，南阿尼岾，東嘉西峴，云云同藪三剛典主人寶壤和尚院主玄會長老貞座玄兩上座直歲信元禪師。右公文清道郡都田帳傳准又開運三年丙辰，雲門山禪院長生標塔公文，一道王長生十一，阿尼岾，嘉西峴，畝峴，西北買峴一作面知村北豬足門等。又庚寅年晉陽府貼五道，按察使各道禪教寺院始創年月形止，審檢成籍時，差使員東京掌書記李僐審檢記載，正豐六年辛巳（大金年號本朝毅宗卽位十六年也）九月，郡中古籍裨補記，准淸道郡前副戶長禦侮副尉李則楨戶在右人消息及諺傳記載。（中略）羅代已來當郡寺院，鵲岬已下中小寺院，三韓亂亡間，大鵲岬，小鵲岬，所寶岬，天門岬，嘉西岬等五岬皆亡壞，五岬柱合在大鵲岬。（下略）

文中難句與歲次年號等錯誤，姑視爲另一問題。在此見及者有「長生」「長生標塔」「柱貼」「貼」等，究係何物？

參看上文天福開運年間（高麗前代）淸道郡雲門山禪院之長生，天福八年（西紀九四三年）之記錄（里審使的）單爲長生，及至開運三年（西紀九四六年）之記錄爲長生標塔。查兩記錄間僅隔三年，恐爲一物兩稱也。他若「柱貼」「貼」等，與寺院無直接關係，爲里審使按察使之物，玆姑勿論。文中嘉西岬之長生，據開運記錄，數入一道長生十一之中，而正豐（正隆之誤）六年（西紀一一六一年）則言大小鵲岬及其他共爲五岬柱。（嘉西峴與嘉西岬似爲一地兩稱）然則新羅末年及高麗初代所稱之長生，在高麗中年已改稱爲柱歟？或者其形狀有變歟？實則此種疑問，似無推敲必要。蓋當時長生一名在文章上，常稱爲柱者，例如上面引據之寶林寺石碑長生與密陽武安里等，有稱作長生標柱或長生標等，蓋因長生具有柱形之故。若是推想無誤，則新羅時代。由八世紀中葉起所謂長生，長生標，長生標柱，長生標塔，與單稱柱等等名目，不外即長生一物耳。查其中教植者多半是石碑，而此外非教植者則爲木柱，所謂木柱長生，似羅末每寺院有其一。因五岬柱欲移置他處，故爲木柱。又雲門山禪院之長生標塔公文中，列舉一道長生十一與淸道境內之長生總數，其十一寺院所在地，可由寶壤傳中推知之。即雲門山阿尼岾，畝峴，西買峴，北買峴，北猪足門，大鵲岬，小鵲岬，所寶岬，天門岬，嘉西岬等地歟？大鵲岬以次之五岬，其寺院之爲長生柱固甚明瞭，就中嘉西岬在雲門山禪院之長生公文中，係據一道長生十一之數，而里察使與雲門山禪院之公文中所載山名，可推定其爲寺院之所在地。

此外又如三國遺事卷五明朗神印之記載：

按挾白寺柱貼注腳載，慶州戶長巨川母阿之女，女母明珠女，女母積利女之子廣學大德，大緣三重，（古名善會）昆季二人皆投神印宗。以長興二年辛卯，隨太祖上京，隨駕焚修。賞其勞，給二人父母忌日，寶於堗白寺田畓若干結云云。

按此柱貼，大約是長生之貼示。所謂柱貼者，在前述之寶壤傳中亦有淸道郡界里審使之柱貼。又同書卷三伯嚴寺石塔舍利之記載：

開運三年丙午十月二十九日康州界任道大監柱貼云：伯嚴禪寺坐草八縣，（即今之草溪）寺僧侃遊上座年三十九，云寺之經始則不知。但古傳云前代新羅時，北宅廳基，捨置茲寺，中間久廢。（下略）

以上均爲寺院長生之記載。惟里審使與任道大監等之柱貼全面是否皆與寺院有關，殊難斷言。故其是否與寺院之長生相同，遂亦不無問題。惟此等寺院之長生，常與柱，柱貼，及行政上之境界標柱（即里審使或任道大監之標柱）混合不分，其間不僅使用木石柱之形式上有共通性，即於界柱一點上，亦有共通性也。就淸道郡界里審使之柱貼公文觀之，不標點雲門山之禪寺而標點雲門山禪院之長生，記其東南西北四方寺院之所在地，豈當時各寺院之樹立長生，是爲境界之意義乎？抑或恃此以辨識其方向之里程歟？苦難確切證明之，至當時長生之被稱爲標柱、標塔、標、等等，其意義恐亦在此。蓋其上一方貼示寺與寺間之方向及距離等，他方復作爲寺與里之境界標。例如前述道岬寺之二立石（長生）樹立寺前洞口，以爲寺與里之境界標者。又如孫仍川之國長生，亦在距離通度寺半里（五里）寺之洞口處，卽在今日寺院之長栍，亦俱置於寺之入口，卽所以用作寺與里之境界標者。至於古昔之長生，前已言之長生時與境界標柱混合不分，反之而境界標柱決不稱長生者，其意義又何在？良以兩者形式雖相類，然所謂長生者係出於寺院的意識。且長生上之記錄，多爲關係寺院之事件，試觀堗白寺柱貼公文與雲門山禪院長生標塔公文，卽能窺知其梗概。由此言之，往昔長生之建於寺院洞口與今日寺刹洞口及民間所見者，其前身實爲一物。

由此可知長生不問其爲石碑形，立石形，木柱形，要皆與寺院有密切關係。中葉以後新羅寺刹之長生，想係如此建立者。其中視作一種界柱之長生，當亦爲此意。所可疑者，若言界柱爲寺刹事蹟之記錄，標柱則教植諸長生（新羅寶林寺，高麗通度寺及密陽之某寺，靈岩之道岬寺等）之一種不記寺刹事蹟者，應作如何解釋？又教植之國長生，究有何等理由？欲解答上述疑問，原屬次項起源問題，茲爲便利上，試一述之。查古昔之長生，除木柱外，復有石碑，立石，累石（參照次項所述）等三者，統稱之曰長生。然後述三者，皆發源於民俗上之立石與累石壇。至於木柱長生之起源，當由民俗上之蘇塗求之。是以四者之名稱相同，並非無理之解釋。蓋在民俗上用此四者守護山川，而寺院建此亦為守護寺院與山川，二者信仰之對象相同。若是推論無誤，則今日僧寺以木偶長栍或傳為大伽藍守護神者，恐由於長生起源時之信仰也。又若此種具有宗教的意義而與寺蹟田土無關之教植長生，可推知其為一寺之榮譽。亦猶近世人士文武科及第而建蘇塗於家中之一種心理相類似耳。縱使寺院銷滅，猶以移管一根木柱為緊要，果為保存寺院之紀錄乎？殊為疑問。

三　起源問題與結言

討論長生之起源，先就前述之累石長生言之。據通度寺舍利袈裟事蹟略錄③寺之四方山川裨補條。

裨補長生標十二者，門前洞口立里木榜長生標二。

文下則記東置石磧長生標二，其中石碑長生標四，南置石磧長生標二，西置石碑長生標一，南置石碑長生標一。又朝鮮寺刹史料中燃燈寺事蹟（黃海道安岳郡）：

……得蹟碣一片大如食盤而邊破字裂撫翫逾時乃中有漢明帝永平十五年刱建十字也。然後不知重創之事。受賜位田畓奴婢之事四方山川及長生標石蹟也。……（三一五頁）……

四方山川石蹟長生標，則寺之東南二里許石蹟長生標二。（三一六頁）

按石磧（石蹟者誤）長生標，爲累積小石，或以小石累積如圓錐塔形，❹實爲民俗上最有興趣之一事。累石壇雖有大小精粗之區別，其實質則一。査民俗上之累石壇在古時代爲山神祠並山神祭壇，且爲行旅之神與部落間之境界由此可知石磧長生爲發源於累石壇殆無疑義。蓋此爲朝鮮僧徒棲息山間，崇拜山神而想出者。現今寺刹洞口，尙有此種累石壇，僧徒亦間有舉行祭祀，至其名稱，今已不曰長生，俗稱天王堂（慶尙道）或石先王（京畿）（據釋徒張道煥柳葉兩君言）等。先王者，意卽城隍之轉訛。

關於起源問題發表學術的論說者殊鮮，就中僅稻葉岩吉博士一人。世間人士復往往於密教陵伽之崇拜中求之。其論據大約以長生頭部偶有男性之象徵，❺而臆測之者。現存京城東大門外開運寺入口處之兩對長柱中之一雙，即其明顯之例。此種陵伽由來說，以性器聯想及於生命，因此與以神仙思想的長生名稱（不老長生），初聞之似覺其論據有理。惟對於新羅時代之長生爲石碑形木柱形，及高麗與李朝時代之爲累石壇形立石形（較碑爲小著者視此爲石碑長生之前身）等，尤用何法說明之？此爲不易越過之難關也。其次爲稻葉博士之長生庫標識說。關於寺院中之長生庫與長生錢（無盡藏，無盡財）一層，稻葉博士已於東亞經濟研究第十五週年紀念號及第十五卷第四號等雜誌上詳加說明。茲爲閱者便利計，特一言之。在十誦律僧祇律中，因爲供養所認之僧侶蓄財取息，謂之無盡財，無盡藏。北宋道誠之釋氏要覽及宋陸游之老學庵筆記下册等書中，均稱之爲長生錢，長生庫等。高麗史七九，肅宗六年五月之詔語及同書肅宗六年十一月等記錄中，亦可見及長生庫並公私長生庫之文字。又朝鮮寺刹史慶北禮安之龍壽寺開刱記（斷碑）中有「又立長生庫」一語。蓋長生之術語，早已流傳於半島矣。據稻葉博士之說，所謂長生（栍）標者，乃屬於長生庫之寺有田土的標識。（十五卷四號P.1.） 但此兩者相結合，解說難關實多。第一；據半島紀錄，在西紀七五九年（乾元二年）時已有長生之名稱，而使用長生二字者，乃爲唐中和四年即西紀八八四年（卽寶林寺普照碑及其建立之年）之事。然據中國之紀錄，實始於釋氏要覽（爲天禧年間所著，卽當西紀一〇一七——二一年）其間相差百三十年至二百五十年。換言之卽中國尚未有長生庫，長生錢等術語前，新羅已有長生一名矣。因此吾人可知其與長生庫無關係者。或以中國文獻不完備之故，亦未可知。總之此事尙有疑問。第二，據該博士之論據長生爲寺領界標，其引證通度寺事蹟略錄有曰：「明言四方長生標內之田畓土地右石碑石蹟塔排之長生標內，非言公私地土，乃宜春郡（梁山）境之明文也。」（紀念號二十五頁）以此解釋通度寺事蹟略錄固甚妥當，若用以斷定長生之初期，則竊以爲不可。何則？此論所引據之紀錄，遠在後世，依博士之說，此通度寺舍利袈裟事蹟略錄之原本爲泰定五年之物，當西紀一三二八年，卽高麗末葉，相距寶林寺之長生實有五百六十九年。吾輩忽視其間社會狀態以及土地經濟狀態之變遷，遽下斷語，似覺不可。又博士關於寶林寺之長生言曰：「此長生僅爲標識賜田之界止，以意推測之，猶未加山川裨補之色彩。」（紀念號二十六頁）此說毫無根據。此層據著者主張不若採取與博士相反之推斷而以之解釋此等國長生，較爲妥當。設若國長生爲賜田之界止，則其上必記有賜位田云云與頌讚國恩之文字，然四者之中，未見其一，故反不若謂之與賜位田等全無關係爲妥。第三，博士謂高麗末十二長生，包圍通度寺田土之領界，而對最初長生屬於長生庫之論斷，至此遽難承服，若謂長生係由長生庫附屬寺有田土之標識而發生者，則最初一寺院必有數根以上，且未必俱在寺院附近。蓋布施供養之田土，實難言其必在寺院附近，爲田土境界之明確，自需數根標識。然查新羅寺院，僅各有其一，且俱在寺院之洞口，其上不涉田土問題而爲關於寺剎之紀錄，如記四方寺院之標識等。由此觀之，長生本來之性質，並非田土之標識。且在羅末麗初時之長生柱，雖寺院銷滅，而猶愼重移管，此即長生柱在當時不僅爲田土標識之左證也。若爲田土之標識，無移動之必要，當與田土不共生滅。據著者推想，洎乎後世寺院之私有田地增加，必須境界明瞭，始以長生當此界標之職使（此事象可由通度寺事蹟略錄及明宗實錄等中見及）至此方如稻葉博士所說。惟謂長生原由界標之性質而發生者，毋寧以之爲後世之現象。如此推論，則長生之起源有二說，卽陵伽崇拜及道教長生不死思想之混合說與長生庫標識說。二者各有其理論之缺陷與疑問，欲闡明此層，猶待將來之研究。著者在此發表個人之見解，閱者可無忌憚的批判之。

著者爲蘇塗及立石之起源說。亦卽長生係由民俗而形成者。（卽佛教與民間信仰相互混合而產生）詳言之長生與民間信仰之蘇塗⑥（立木）並立石（現在全羅道上俗稱선돌——譯音松多爾——者頗多卽立石之意義。與村落守護神境界標石等蘇塗相類似。）等關係密切，在民間固有宗教上之樹大木立偏石而爲境內守護神與境界標之信仰，且具相當威力。其後僧侶爲倣效或迎合民間之信仰計，爰立木立石爲寺院之守護神，而設立於境界之處，此種推測，當非無理之臆斷。若果此臆斷近於事實，則長生之起源在民間之信仰，其刻有武將之形像者，乃以後之事。⑦最初不過一木柱或立石等耳。洎乎後世，佛寺設立民間信仰上之累石山神祭壇時，亦稱長生者，其心理狀態與前二者同。山神壇在昔兩部落境界點之山頂或山麓等處，爲一村經濟的及生命的守護神，或曰境界神。此種山神信仰，在新羅及高麗時代盛行於寺院間，考查此類之紀錄甚多。⑧然則此蘇塗及立石起源說之難關之一因，爲長生之名稱不可解。設若臆測之，長生與長生庫無關，且發生於長生庫以前，其長生一名，實由於長生不死之神仙思想與顧念寺院恆久不滅之心理而稱之者。然乎？否乎？

最後一述長生進出民間之狀態。根據前論，長生或發源於蘇塗立石等，亦未可知。若果如此，則長生之名，最初僅於寺院中稱之。至木柱長生而施以彫像後，遂漸次進出於民間。其初如寺院所稱曰「長生」，迨至高麗末李朝初年，遂逐漸轉變爲長栍、⑨長承、長丞等名目。至於木偶長生成爲男女一對相向而立之發生時代，實難懸測。以意度之，或爲木柱長生施行彫像之時，或爲由於其後陰陽思想而產生者，未敢斷言。今尙稱爲「獨벅수」（Tok-Pök-su）者，其意可測知。至李朝初年之長栍，民間用作里程標一點，依照慵齋叢話及訓蒙字會等書之記載，即可明瞭。此種進出於民間之木偶長生，建立洞口者，常具有與蘇塗同性異體之神的信仰。兩者恆並立一處。其他建於境界或路旁者，往昔之事，雖無從考知，然就今日論，乃僅爲境界標與里程標，並無信仰之對象。蓋以其與民衆之生活，直接之關係甚鮮。然則此等長生之進出於民間，由於包含原來之性質也。徵之新羅與高麗初之紀錄，即能窺知。

就上述者概括言之，長生發源於蘇塗，立石等民間之信仰，初時爲民俗上倣效，於寺院每一洞口處建立之，一方爲寺院之守護神，同時包含自身境界標之思想，其後此種界標思想逐漸擴展，遂使其在田土山林之周圍與路旁者，專以田土標識或里程標目之矣。其在寺院及村落之入口處者，依然爲守護神也。

〔註〕

❶長栍簡稱栍或間有書作鉎者。習俗上復有稱之爲長丞，長承等者。俗稱장승（平安道之方言爲방승。其較爲普遍的，在南鮮稱爲벅수 Pöksu或벅수將軍。據 W. R. Carles, life in Corea, London, 1888, P. 55. 所載。彼由京城向元山，途過抱川郡某村，曾目睹長栍。其記事原文爲 "A few miles before reaching this village we had come across some very curious figures by the road-side. On either side of the road there were planted wooden posts, of which one face had been roughly planed, and on the higher part was a very rude carving representing a human face with very prominent teeth. A little colouring was used for the teeth and cheeks, and the general appearence was sufficiently fiendish. these figures, called **syou-sal-mak-i**, are intended, as far as I could gather, to frighten away spirits from villages and roads, and are frequently met with throughout the country, the mile posts, called fjang-seung, are often similarly decorated, and no doubt with the same purpose. 據此可信村邑守護長栍，又名「수살막이」(譯音斯殺爾馬乩。)此名稱難以完全譯爲漢字，按「살」字音爲「殺，」「막이」朝鮮語爲防禦之意，合言之，卽防禦殺氣之咒術的木偶之意義也。或曰「守殺木。」著者於民俗學五卷四號蘇塗考續補一文中，會論「수살」一名係出於「戍守」或「陲防」之意，並指解「守殺」爲不當，其後前間恭作先生由福岡來書，言仍以「守殺」爲妥。經著者一再考慮之結果，亦覺前間先生之說較妥。復有若干地方以「丫」字形之樹幹或多數之樹木，植於空虛之方向，(所謂空虛方位者卽三方面被山包圍，其空虛方面爲村落)謂之守殺木或殺防木，亦卽防禦邪氣鬼類侵入之迷信也。不僅如此，卽蘇塗亦往往被稱爲守殺木。此皆以其具有同一性能並同一之信仰對象，始有同一之名稱者也。又據 Émile Bourdaret, En Corée, paris, 1904, P, 72. 中，稱爲 O-bang-tchang-goun. 或爲以個人意見說明而信

長性之名稱者。至於民間日常語，並無稱此木偶爲「天下大將軍」或單稱「將軍」等，蓋此僅爲文字上之名稱。

❷與國長生對稱有所謂皇長生一名，惟此名稱甚難解釋。按長生分教植之國長生與非教植之一般長生二種外，後者又稱里長生（卽民里之長生），與前者區別，其理路甚明瞭。故著者以爲「皇」字爲里之誤，此非全無根據之臆測，例如高麗末通度寺舍利袈裟事蹟略錄寺之四方山川裨補中記「裨補長生標十二者，門前洞口立里木榜長生標二」此卽里長生之意也，

❸引用稻葉岩吉博士著寺院經濟資料與長生標，載東亞經濟研究第十五周年紀念號。

❹參照東亞經濟研究十五卷四號所載慶北奉化之石積長生標照相。

❺注意同書將軍標照相之頭部。

❻參照拙著蘇塗考及蘇塗考續補載民俗學第四卷四號與第五卷四號。

❼據鮎貝房之進氏於其所著之雜考第三輯第三三頁中言：「按釋王寺寺門洞口之長生，在普通書寫天下大將軍之處，書作葛將軍，周將軍。此兩名若爲道教之神將名字，則具有辟邪壓

勝之意義里程標當亦爲擴大而運用者。然朝鮮具體的移入東漢末張道陵之道教，若爲屬於麗睿宗以後之事，則彫刻將軍面貌之習俗自亦爲睿宗以後始行者。」著者大體首肯其說。惜該氏對於長生起源問題，未另言及。

⑧民間之山神信仰與寺院之山神信仰並累石壇之事等，姑待其他機會詳論之。

⑨關於「栍」字問題，稻葉博士言：「出於長生標之長生，已爲定說矣」（紀念號第三九頁）然則著者寡聞，未見發表如此俗說以外之決定說。「栍」字爲新羅高麗時代占察派僧徒所用簡字，初與長生無若何關係，長生之「生」字書作栍者，乃高麗末李朝初之事。關於「栍」之問題，參照朝鮮民俗第一號所載拙著栍考（朝鮮文）

〔附記〕此文爲昭和七年度依帝國學士院學術研究費而進行之朝鮮民俗資料之蒐集並其研究中之一部份，

十一 朝鮮通寶錢

奧平昌洪

參看各書紀錄，關於朝鮮通寶錢之鑄造年代，俱漠然不明。自日本狩谷懷之之新校正孔方圖鑑言此錢爲朝鮮太祖康獻王所鑄以來，其說盛行一時。在成島柳北之明治新撰泉譜中，亦言爲康獻王所鑄。據中國張端木之錢錄；「按朝鮮自晉永嘉末入高麗，洪武初李成桂簒立，遣使朝貢，詔高麗國更號朝鮮。則朝鮮通寶錢，洪永以後始有之，而今所見者色甚古。」又李佐賢之古泉匯中亦言：「明史外國傳：朝鮮箕子所封國也。高氏據其地，改號曰高麗。太祖二十五年，請更國號，命仍古號曰朝鮮。錢幣考，洪武初李氏有國，始更朝鮮，則此錢明代所鑄也。」其一說，以爲是洪永以後之事，又一說，則以爲明代所鑄，二者皆不明示鑄造之詳細年代。其在朝鮮增補文獻備考則言：「臣謹按今世古錢有朝鮮通寶。人謂之箕子朝鮮時所鑄。而文是隸字，且不載於高麗錢幣議，則其非箕子時所有明矣。李睟光以爲朝鮮通寶國初所造云，而文籍亦無可考。」其他坊間之朝鮮書籍中，亦無記載其鑄造之年代者。嗚呼！朝鮮通寶錢之鑄造年代果不明確歟？抑以各家考察不詳歟？

余修東亞錢史，因關於朝鮮之參考資料不足，原欲搜訪彼地，奈以人事陳椽，未得其暇。大正十年十月去北平，途中信宿鮮京，復以旅次怱卒未償夙願。如是怱怱又過十年，於今茲十一月，擯除一切障礙，重遊鮮京，詣李王府，請供給參考資料。蒙次官篠田博士（治策）容納著者請求，與以一切便利，因此得閱及李朝實錄，日省錄與其他古書甚多，並覽祕庫之古器古錢，得償夙願大半矣。著者參考事項中關於朝鮮通寶錢之鑄造年代者，如太宗大王實錄十五年（應永廿二年 永樂十三年）六月：

辛巳（〇十六日），戶曹上錢幣法，晉山府院河崙詣闕問安，上引見於便殿，崙出語承政院曰：上欲行銅錢，誠良法也。俄而命戶曹議鑄錢制度以聞。戶曹上言：臣等謹稽歷代載籍，三代以來，皆用錢幣，或以會子，或以交子兼行。今國家既用楮貨，以革前朝布幣之用，民受其利。然其用使之際，有所未盡。乞依唐開元五銖（〇按唐開通元寶一語有誤應改作開元通寶更以通寶作五銖今姑任其原文不删）錢制，鑄朝鮮通寶，與楮貨兼行。以銅一兩，鑄成十錢，以百錢當楮貨一張，流行境內，以便國用，以濟斯民。私鑄者以私鑄銅錢律論，告者充賞，不用者亦依此律從之。（卷二十九 四十三丁下半頁）

丙戌（廿一日）命停鑄錢。司諫院上疏曰：大抵法立弊生。號牌楮貨之行，犯法者多，民受其弊。今又行銅錢，則銅錢比楮貨僞造尤易，必多犯法。況時方大旱，民將饑饉。今聞欲行錢，則國家雖欲兼行楮貨，民心搖動，貧民將楮貨買米而終不得米，因此朝不及夕者必有之。創法施行，實爲未便，請停鑄錢。時鑄錢方始，上覽疏曰：今當憂旱中心恍惚，如乘舟入海遇風濤也。民若受弊，豈可行哉。卽命勿鑄。仍日後有明君，出而行之。（卷二十九四十六丁後半頁）

就上文觀，六月十六日依照戶曹所議，仿唐代開元通寶錢之式樣，鑄造朝鮮通寶錢。許用銅一兩鑄造十錢。嗣以廷議多歧，遂於同月二十一日命令停鑄，其間爲時僅五日，錢猶未鑄成也。再觀世宗大王實錄五年（應永三十年永樂廿一年）九月：

甲午（十六日）〇議鑄銅錢。初造楮貨，一張直米一斗，三十張直木緜一匹。至是楮貨甚賤，一張一升，百餘張一匹。乃會政府六曹議鑄錢與楮貨通行。於是戶曹啓：銅錢乃中國歷代所用，請以唐開元錢爲準，積十錢重一兩，文曰朝鮮通寶。民納銅一斤者，例給錢一百六十文，令司贍署掌之。私鑄者依律科罪。從之。（卷二十一十七丁前半頁－後半頁）

又同六年二月：

癸丑日〇七 行護軍白環陳言曰臣環竊見生財之道，爲國之先務。國制新立錢楮兼行之法，是於裕國足民之道可謂至矣。然而是必廣鼓鑄之所，不惜銅愛工，然後國用裕而民用足矣。今也鼓鑄之方未廣，故所鑄之錢未足公私之用，非一二年之可備。此上心之不得不軫，而廷議之不得不慮也。臣謂欲用民力，則防（妨？）農務，而害必及。欲用農隙，則時已迫，而功必淺。然則良法雖設，而民不見效，可不爲今日惜哉。臣嘗久居於外，民力所裕，備詳知之。慶尚一道兵艘之額，船軍之數，此（比？）於他道非一倍也。適當今日梯航夷服，邊警一掃，船軍之費食游手者至以萬計。且合浦蔚山之鎮留營守城軍游手度日者，亦以百計，鍮銅鐵匠，亦無數焉。民力所裕，莫此爲至，（且新羅之世，佛宇所支銅鐵器皿，無處無之。柴炭所出處處俱足）臣願鼓鑄之所，分爲左右邊，一置右道合浦鎮，一置左道蔚山鎮。附近各浦兵船，每一隻各出有巧性者三四名，並留營守城軍，則人數可至數百名矣。於是各設十五冶，貫四時而不輟，役使有制，監督不怠，則一日所鑄，幾至數萬錢。民不見弊，而國用以裕矣。……伏惟上鑑施行，下戶曹。戶曹啓請依陳言施行，余羅

道內廂，亦置鑄錢所。從之，(卷二十三十七丁前半頁)

壬戌(○十六日)戶曹啓慶尙全羅道鑄錢事目，一鑄錢收斂各其道破亡寺社鑄銅器皿有之。一鑄錢炭以各道內廂近處各浦當番船軍量宜減數役使備辨。一監鑄官時散勿論，差有巧性一員。卒京中慣熟錢匠一名下去，聚會外方鑄匠教習。一預備諸事監鑄官與都節制使一同擬議，移關監司行移。從之。(同卷二十三丁上半頁—下半頁)

又同年七月：

己亥(○廿六日)司贍署提調啓：楮貨本非民樂用之物，今因銅錢兼用之令，楮貨尤不行用，宜當速殖銅錢，以定民志。鑄錢可行條件，具錄於後：一自癸卯(○世宗五年)十一月至今七月，鑄成之數，不過四千五百七十貫。雖盡今年，未滿一萬貫。楊根分署鑄錢匠三十名，今加三十名，量加助役人，且限銅錢周足，停軍器監月課，於柴炭有餘處，又加置爐冶五十所，給鑄錢匠五十名，助役人一百名，令本監官員與署提舉別坐一同監造。且慶尙全羅亦停月課軍器，加爐冶鑄錢。一鑄錢成雖多，鍊正功役爲難，除兩面鍊正，務令孔方外圖(圓?)，重適一錢一分。署及慶尙全羅道鑄錢所，不

定日課之數，未便。每一名，一日上手二千文，中手一千六百文，下手一千三百文。從之。（卷二十五十二丁後半頁）

（朝鮮通寶錢正面圖）

（朝鮮通寶錢反面圖）

（朝鮮通寶錢）

其一

正面　反面

其二

正面

反面

其三

正面

反面

由此觀之，世宗五年九月十六日，更仿唐開元通寶錢之式樣，鑄造朝鮮通寶錢。至其鑄造事務，則由司贍署掌理，六年二月，設鑄錢所於慶尙全羅兩道，同年七月，復設分署於楊根郡。至此可知鑄造朝鮮通寶錢一事，並非漠然不明。

前列之朝鮮通寶錢圖係世宗時所鑄造之式樣。錢正面有楷書「朝鮮通寶」四字，係取對讀式，至於錢背面則無文字。現今所見之品類雖多，但大抵俱屬大同小異，其究竟爲司贍署所出，抑慶尙道或全羅道所出，又或爲楊根郡所出，則甚難識別。

距離世宗六年後二百零九年之仁祖十一年十一月四日，依從戶曹計議，更仿明代萬曆通寶錢式樣，以鑄朝鮮通寶錢。錢字作八分書體，與從前楷書之朝鮮通寶錢有別。據仁祖大任實錄十一年寬永十年崇禎六年〔癸酉〕十一月：

壬辰日〇四戶曹啓曰：用錢事既已設廳，本曹堂上及郎廳三員，常平郎廳二員，各令勾管，分左右鑄錢，而監鑄於常平廳。嚴禁私鑄，俾無奸濫之弊。私鑄者依大明律處絞，匠人罪同。各衙門鑄錢者，亦宜禁斷。且臣等取見萬曆通寶及朝鮮通寶，則萬曆通寶重一錢四分，朝鮮通寶其體過小，請依萬曆樣子鑄成朝鮮通寶，易以八分書，以別新舊。而丙寅（○仁祖四年）年事目，則錢一文，准米一升爲式。今之議者多以爲其價太重。一文准米半升爲式，則價可平准云。請以此爲式，但錫錢則每一文准米一升，而公家應捧木綿米穀等物，或三、四分之一以錢文計捧如田稅三手糧等物，遠方之人似難以錢文卒然備納，而若三司收贖各司作紙爲先以錢捧之。凡市中給價之物及賜予賞役之物，參諸元數，以文錢分數計給。但行錢患在於不得多鑄，通用中原之錢，則譯官輩必多貿來，厥價與本國錢價同用爲當。答曰：依啓。但中原錢文不可通用矣。（卷二十八五十二丁後半頁—五十三丁前半頁）

又同書十二年（寬永十一年崇禎七年）〔甲戌〕二月〔及三月〕；

〔丁丑（○二十日）〕常平廳啓曰：錢者無用器也，寒不可衣，飢不可食，而可以通天下之貨，故謂不貳王政，其有源而流布故也。今者以常平所鑄之錢，給三手什一之料，而初未有賦於民之令，故三手之受錢者，皆赴於常平。常平之米有限，不能盡買，則人皆曰錢不可行。國家不設賦錢之制，祇令民間轉賣，愚民之不信亦宜矣。京圻諸邑聞往年收米之未收者，以錢代捧，已有來納者，以其近京而謀錢易也。立賦民之制，而不鑄於外方，祇令京中之錢，流布於外方，則持錢而往外方者，必刀蹬其價而外方不勝其弊矣。宜以一年倭貢三萬斤之銅，分鑄於安東○慶尙北道全州公州等處，比京中稍高其價，許民和買。又就應納米中，若干石與錢價相直，而以錢收於民，則民無加賦之弊，而官家之米固自在也。錢既有官賦，則民將買而納官，如量則錢可以通行，且納官之時，既無本匹長短米穀精粗點退之患，則民必悅之。或者以京外異價爲難，此不深思之言也。錢價京少而鄉多，則有錢者貿穀於鄉，有穀者貿錢於京，然後可以米聚於京，而錢歸於鄉。賦於民而民可以納官，納於官而官可以給民，方可通行而無滯矣。不立賦民之制，而求錢之行，是猶塞其源而求其流也。如此而曰錢不可行，便有還罷之舉，則何事可做。此非徒通幣之利害，今轉爲國家之輕重。賦民之制，外方之鑄，不可不及時舉行，以示必行之意。答曰：依啓。錢價可異於京外，則公家行用，似涉難便。更加察處。回啓曰：市價之貨泉，以之大者，聖慮所及，實出尋常，宜令京外同價。且聞安東之民，咸請設局鑄錢云。民情亦可類推。既鑄於外，則松京之原用銅貨者，改鑄尤易。請依安東例，使之鑄錢，上從之。（卷二十九六丁前半頁—後半頁）

〔三月〕乙巳（十九日）慶尙監司洪命耇馳啓曰：安東府鑄錢之令，實合民情。第念安東僻在一隅，鑄錢之後，右道之民往來交易，勢所難便。且一邑所鑄，多至八千餘斤，則功役未易就。大丘處於嶺南之中，行商輻輳，且鑄工多在其地，而府使洪履（履？）一又頗勤幹。若於此府分半鑄成，則遠近之民，均蒙其利。朝廷設施之法，可以立見其效。從之。（同卷十一丁前半頁）

又同書十三年寬永十二年崇禎八年正月：

〔丁卯（十六日）〕黃海監司南銑請於海州鑄錢。水原府使尹墀亦請許民鑄錢。上許（從？）之。（卷三十一四丁前半頁）

根據前記各項觀之，可知八分書體之朝鮮通寶錢，不僅戶曹鑄造，卽在安東、松都、大丘、海州、水原等處，亦行鑄造也。

下圖朝鮮通寶錢，爲仁宗十一年十一月所鑄。錢面文字爲朝鮮通寶四字，係取八分書體，而對讀者，銅色黃褐，此與前述之楷書錢不同處。一二兩圖爲小平錢，一種爲狹邊，一種爲闊邊，錢背俱無文字。三圖爲當十錢，背穿上有文，惜已磨滅，無從解讀，此種錢現存者絕少。就前記之李朝實錄觀，關

朝鮮通寶錢鑄造年代，均明確記載。而狩谷懷之成島柳北等氏皆言此錢爲太祖康獻王所造者，蓋

（朝鮮通寶錢式樣表——正面裏——反面）

（朝鮮通寶錢）

其四

正面

反面

未參照李朝實錄耳。或其時不知有李朝實錄一書，亦未可知。他若張端木李佐賢等輩，或曰此錢爲洪永以後之物，或曰此錢爲明代之物，要皆語多未能中肯，而不知有李朝實錄則如出一轍。惟可怪者，爲增補文獻備考中所紀。按該書爲弘文館編纂，乃出於英祖時數十名大官學者之手（名東國文獻備考）

正祖時，曾由老儒李萬運補訂。及至高宗（太皇帝李熙）時，復經數十名大官學者之修正（改稱增補文獻備考），始以內閣總理大臣李完用之名上進。就中揭示純宗（末帝李拓）之辨言，實爲一部二百五十卷之堂堂典籍也。且其凡例中亦言「是書主於博採，故公私史籍靡不網羅」，關於朝鮮通寶錢之鑄造年代，而明言「文籍亦無可考」者，豈其非訂正此書之人歟？著者於此次應篠田次官招宴時，亦曾談及此事，徐相勛言「未曾參閱李朝實錄」，嗚呼！文獻備考編者之疏漏甚矣。

〔附記〕

關於李朝實錄一書

按李朝實錄一書爲朝鮮歷代之紀錄，始於太祖康獻王實錄，迄至第二十五代哲宗大王實錄，全部俱存無缺，合計一千七百餘卷，凡八百四十餘册，共十二萬餘頁。本書內容爲李朝史唯一之根本資料，固不待言，卽關於日本中國滿洲等事項，亦俱詳載史中，實爲研究歷史者不可或忽者。在朝鮮舊時，於王歿後，特設實錄廳，命史官編纂前代事蹟，稿成，卽用大號活字印刷四部，分別祕藏於鼎足山太白山赤裳山五台山之四史館，原稿本則由春秋館保存，此史卽在國王亦不能輕易見及。日於韓合併之際，四處實錄均存在，俱由朝鮮總督府暫行保管，按赤裳山之一部，卽寄贈李王府，其餘三部藏於舊奎章閣書庫，加意保管，後復以五台山之一部，劃歸東京帝國大學保管，惜於大正十二年大震災一役化爲烏有。鼎立山本與太白山本之二部，於昭和五年移管於京都帝國大學。據聞該大學擬縮小覆印太白山本二十部，以供同好之士。預定三年至昭和七年完成，實爲學術界應當慶幸之一事。又春秋館之原稿本在高宗初年猶在江華島，後爲法國艦隊侵入時掠奪而去，現密藏於法政府，今尚未許外人參閱。